# 目　录

# 信息不对称下装配系统生产与定价决策研究

Production-pricing Decision Problem in an Assembly System under Asymmetric Information

自然科学基金青年基金项目『信息不对称下装配系统生产与定价博弈及信息揭示机制研究』（71602189）成果
教育部人文社科研究青年基金项目『多重信息不对称下装配系统信息揭示机制研究』（16YJC630083）成果

吕飞 著

WUHAN UNIVERSITY PRESS
武汉大学出版社

**图书在版编目(CIP)数据**

信息不对称下装配系统生产与定价决策研究/吕飞著 .—武汉：武汉大学出版社,2019.11
ISBN 978-7-307-21272-5

Ⅰ.信…　Ⅱ.吕…　Ⅲ.装配生产线—关系—商品—定价—研究
Ⅳ.①F406.2　②F713.53

中国版本图书馆 CIP 数据核字(2019)第 239364 号

责任编辑:林　莉　沈继侠　　　责任校对:汪欣怡　　　整体设计:马　佳

出版发行：**武汉大学出版社**　(430072　武昌　珞珈山)
(电子邮箱：cbs22@ whu.edu.cn　网址：www.wdp. com.cn)
印刷：北京虎彩文化传播有限公司
开本:720×1000　1/16　印张:7.25　字数:144 千字　插页:1
版次:2019 年 11 月第 1 版　　2019 年 11 月第 1 次印刷
ISBN 978-7-307-21272-5　　定价:29. 00 元

# 第一章　绪　论

## 第一节　研究背景

现代企业之间的竞争已经由单个企业之间的竞争转变成供应链之间的竞争。供应链是由多个相互独立的决策主体组成的分布式系统，决策权和信息分布于整个系统之中，某些节点企业在一些业务方面相对其他企业而言，具有一定的信息优势。这些具有信息优势的企业，一方面担心将信息告知合作伙伴后，合作伙伴会根据这些信息来设计合约使得自身利润受损或者将这些信息泄露给自己的竞争对手；另一方面，他们想凭借自身的信息优势在交易中获取更多的利益，从而引发了供应链中的信息不对称问题。不对称信息的存在往往会导致供应链系统的效率损失，给供应链系统的运行带来困难。

供应链中的不对称信息主要包含需求信息、成本信息、质量信息、产能信息和供应中断信息等，每种信息的不对称都会影响到供应链的运作效率。如需求信息不对称会引起牛鞭效应，成本信息不对称会导致虚报价格现象的发生，质量信息不对称会引发劣币驱逐良币的现象，产能信息和供应中断信息不对称主要是针对供应商而言，这些信息的不对称会导致下游客户无法选择出最适合的供应商。在上述这些信息中，由于需求信息直接影响供应链中最下游成员的利润甚至每个成员的利润，成本信息属于企业的机密信息且贯穿于整个供应链中，因此，现有的有关供应链中信息不对称问题的研究多集中于这两种信息，Shen 和 Willems(2012)也指出需求和成本是供应链中最容易产生不对称信息的两块区域。

在供应链中，零售商(制造商)由于接近市场往往比供应商更了解市场需求情况，拥有信息优势的零售商(制造商)往往会向供应商夸大需求信息以诱导供应商准备更多的产能，而供应商由于没有其他的途径来获取真实的市场需求数据，只能参考零售商(制造商)提供的需求信息从而导致自身产能过剩。零售商(制造商)通过夸大需求信息来诱导供应商建立更多产能的现象在许多行业尤其是电子行业中十分普遍，电子设备制造商在需求实现前通常会向其供应商提供一个虚拟订单(Phantom Order)来使得供应商建立更多的产能(Lee et al.，2004)。2001 年，Solectron 公司受到下游客户夸大市场需求的影响，导致了其 47 亿美元的零部件库存剩余(Engardio，2001)，思科公司在2001年同样因为客户的虚假需求信息导致其损失了21亿美元(Files，2001)。供应商在意识到零售商夸大需求信息的意图后，不会再参考零售商提供的信息，而按照自己对需求信息的估计来建立产能，这样往往会给供需双方都造成损失。如1997年，波音公司的3000名零部件供应商由于不相信波音公司提供的虚拟订单决定降低产能，导致了当年波音747的生产一度受阻(Cole，1997)。此外，在现实的生产经营环境中企业往往将成本信息作为商业秘密严格保密，不会轻易地告知其他企业，而且产品的成本结构具有一定的复杂性，根据产品的组成成分和市场信息来推测产品的成本并不是件容易的事情，因此，成本信息不对称在大多数分散式供应链系统中普遍存在，特别是在通信、航空等制造业的供应链中(Traynor，2001；Agrell et al.，2004)。如美国联邦政府在2008年起诉波音公司在1998年与美国空军的谈判中，故意夸大B-1轰炸机防护系统的成本，使得美国空军多花了750万美元用于购买该系统。

根据生产运作管理的基本原理，现有的生产类型可以分为两种方式：流程式生产和加工装配式生产。其中，流程式生产的生产过程是连续不间断的，这种生产方式在重工业企业中应用比较普遍，如能源、钢铁等行业。而加工装配式生产的生产过程是可以间断的，在这种生产方式中，零部件由专业的供应商来生产，制造商只负责最终的装配工作，这种生产方式多见于电子制造和机械制造企业。在流程式生产方式中，生产单位比较集中，生产过程连续，实现各部门之间的协同运作比较容易。而在加工装配式生产方式中，受到零部件供应商地理位置的限制，零部件生产和最终产品的装配通常会在不同地区甚至不同国家进行。此外，由于涉及多种零部件和复杂的工序，使得生产过程中的计划、组织、协调任务繁重，因此，加工装配式生产方式是供应链管理中值得研究的重点领域之一。

我们一般将加工装配式生产系统简称为装配系统，生产和定价决策是装配系统中最基本的决策问题。当装配系统中各参与方的信息完全共享时，该系统中的核心企业可以根据已有的信息设计诸如批发价契约、批量折扣契约、收益共享契约、回购契约等契约来进行生产与定价方面的决策，同时实现供应商之间的横向供应协同甚至系统的整体协同。但是在现实的生产经营环境中，信息不对称是经济活动中的常态，在信息不对称的条件下，装配系统中的核心企业不知道其他参与方准确的信息或者自己保留某些私有信息，这给装配系统的生产与定价决策带来了一定的困难。为了克服这一困难，核心企业往往通过契约的方式来激励处于信息优势的一方披露私有信息或者主动揭示私有信息来争取与处于信息劣势的一方的合作机会，而设计契约的过程往往都会伴随着生产与定价方面的决策。另外，由于装配系统中存在多个互补的供应商，多个供应商的决策(如产量、价格等)之间存在着相互影响，核心企业在设计契约时必须考虑这一特殊情况，否则该契约将无法在装配系统中得到实施。因此，信息不对称条件下，装配系统中的定价与生产决策是个十分复杂的问题，我们有必要对此问题展开研究。

## 第二节　研究意义

### 一、本书是对现有的装配系统生产与定价决策和信息不对称条件下供应链机制设计两类研究文献的补充

首先，现有的绝大多数有关装配系统生产与定价决策的文献都假设信息完全对称，很少有文献在信息不对称条件下研究此问题，但是在现实的经营环境中，信息不对称是经济活动中的常态，因此，在信息不对称条件下对装配系统的生产与定价决策问题展开研究更具有现实意义。其次，现有的信息不对称条件下的供应链机制设计文献，研究对象主要集中于单个供应商、单个制造商或者单个制造商、单个零售商组成的供应链系统，很少有文献研究由多个供应商、单个制造商组成的装配系统，其原因在于装配系统中多个供应商的决策之间存在着相互联系，每个供应商在进行决策时需要考虑到其他供应商的决策，适用于单个供应商、单个制造商或者单个制造商、单个零售商供应链系统的机制可能并不适用于装配系统。因此，我们有必要对信息不对称条件下的装配系统中的信息共享机制展开研究。

### 二、本书有利于提高装配系统中各企业间的合作水平

在现实环境下，装配系统中所有企业间信息完全共享的情况很难实现或者实现的成本较高，各企业之间实际是在信息不对称的环境下进行决策，不对称信息的存在往往会影响到装配系统的运作效率。本书考虑了这些现实因素，在成本信息不对称和需求信息不对称条件下对装配系统的生产与定价决策问题展开研究，提出了实现装配系统信息共享的方法。因此，本书为揭示装配系统中存在的不对称信息提供了切实可行的理论依据和实践指导，消除了信息不对称对各企业决策造成的不利影响，有利于提高所有合作企业的合作水平。

## 第三节　研究逻辑思路与主要内容

### 一、研究逻辑思路

由于需求和成本是供应链中最容易产生不对称信息的两块区域，本书中我们只考虑这两种信息不对称的情况。通过大量阅读有关成本信息不对称和需求信息不对称的文献，我们发现绝大多数有关成本信息不对称的文献在揭示成本信息时采用的是信息甄别的方法，只有一篇文献采用的是信号博弈的方法；而有关需求信息不对

称的文献在揭示需求信息时，一些文献采用的是信息甄别的方法，一些文献采用的是信号博弈的方法，还有一些文献同时采用了这两种方法。无论是信息甄别方法还是信号博弈方法最终都能实现供应链中的信息共享，因此，本书在揭示不对称信息时也将采用这两种方法。按照不对称信息的类别和供应链上游到下游的顺序，在本书中，我们依次考虑了供应商成本信息不对称、制造商成本信息不对称和制造商需求信息不对称三种情况。图 1-1 描述了本书研究的基本逻辑框架。

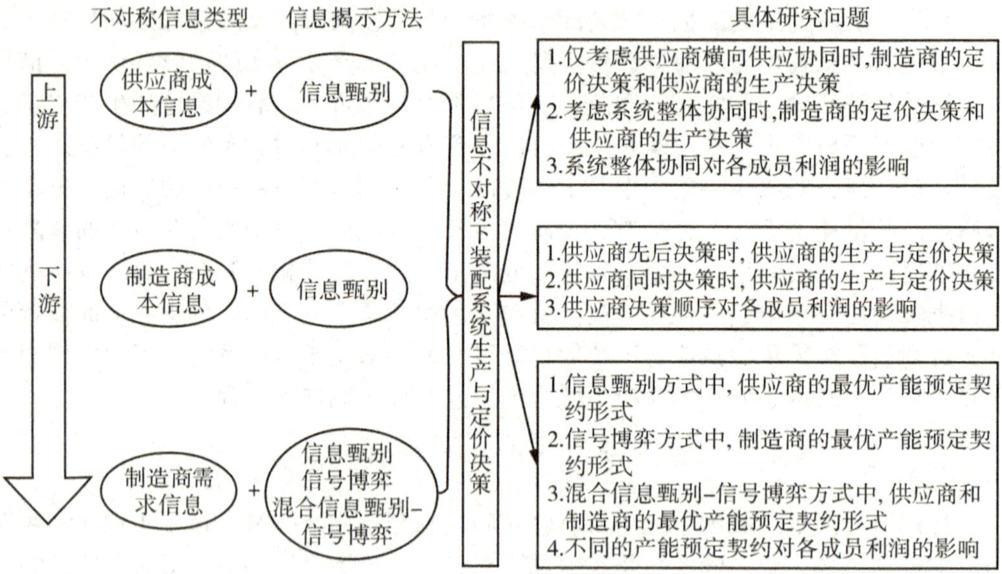


图 1-1 研究逻辑框架图

考虑供应商的成本信息不对称时，参考绝大多数此类文献中的做法，我们采用信息甄别的方式来揭示真实成本信息。采用信息甄别方式时，制造商需要设计契约来揭示成本信息，在设计契约时，我们考虑了仅实现供应商横向供应协同和实现装配系统整体协同两种情况。

在考虑制造商的成本信息不对称时，我们同样采用信息甄别的方式来揭示真实成本信息，此时，由供应商来设计契约揭示成本信息。由于装配系统中存在多个供应商，在设计契约时，我们考虑了供应商先后决策和同时决策两种情况。

在考虑制造商的需求信息不对称时，我们同时采用了信息甄别、信号博弈以及混合信息甄别-信号博弈的方式来揭示真实需求信息。考虑到产能预定契约在需求信号博弈类文献中的应用，我们引入产能预定契约来揭示真实需求信息，并分析了每种情况下的最优契约形式。

## 二、本书的主要内容

根据前面的研究逻辑框架图，本书各章节的内容安排如下：

第一章为绪论，阐述了本书研究的背景和研究意义，对本书的研究逻辑思路、总体结构、主要内容与主要创新点进行了梳理总结，并介绍了本书采用的研究方法和技术路线。

第二章为国内外相关研究综述，对相关的研究文献进行了系统性的分析与总结，主要包括以下三个方面：信息不对称条件下供应链契约设计研究、装配系统生产与定价决策研究以及产能预定问题研究。目的是分析现有文献的研究内容，找到当前研究的不足之处，明确本书研究的主要问题。

第三章为供应商成本信息不对称条件下的装配系统生产与定价决策研究。本章以两个供应商和一个制造商组成的装配系统为研究对象，其中一个供应商的生产成本为其私有信息，制造商通过设计契约来揭示真实成本信息。本章共设计了 3 种契约来揭示供应商的私有成本信息，在第 1 种契约中，制造商为两个供应商都提供批发价契约；在第 2 种契约中，制造商为拥有私有信息的供应商提供价格补贴契约，为另外一个供应商提供批发价契约；在第 3 种契约中，制造商为两个供应商都提供价格补贴契约。在第 1 种和第 2 种契约中，制造商仅考虑实现两个供应商之间的横向供应协同；在第 3 种契约中，制造商考虑实现系统的整体协同。制造商作为契约的设计者，不论在哪种契约中都追求自身利润最大化，其最终的选择也取决于哪种契约下其获得的利润最大。本章分析了每种契约的具体形式，并通过数值试验分析了不同的契约对各成员利润及系统总利润的影响。

第四章为制造商成本信息不对称条件下的装配系统中供应商决策顺序研究。本章以两个供应商和一个制造商组成的装配系统为研究对象，其中制造商的生产成本为其私有信息，供应商通过转移支付契约来揭示真实成本信息。本章考虑了两个供应商先后提供契约（先后决策）和同时提供契约（同时决策）两种情况，分析了每种情况下供应商的最优决策，并比较了每种情况下各成员的利润。

第五章为制造商需求信息不对称条件下的装配系统产能预定契约研究。本章以两个供应商和一个制造商组成的装配系统为研究对象，其中供应商在制造商下达实际订单之前需要准备一定的产能，制造商的需求信息为其私有信息。本章共设计了 3 种产能预定契约，在第 1 种契约中，两个供应商先后提供一组由产能数量和总费用组成的转移支付契约菜单给制造商选择；在第 2 种契约中，制造商同时决定每个供应商的产能预定价格，然后每个供应商决定产能数量；在第 3 种契约中，一个供应商先提供一组转移支付契约菜单给制造商选择，制造商作出选择后，再决定另一个供应商的产能预定价格，最后该供应商决定产能数量。其中，第 1 种契约对应的是信息甄别模型，第 2 种契约对应的是信号博弈模型，第 3 种契约对应的则为混合信息甄别与信号博弈模型。本章分析了每种契约的具体形式，并通过数值分析比较了3种契约下各成员的利润。

第六章为总结与展望。一方面，对本书的研究内容进行了全面的总结，概括出文章得到的研究成果与主要结论；另一方面，指出了下一步的研究方向。

## 第四节 研究方法和技术路线

本书的技术路线图如图1-2所示。具体来说，本书用到的方法包括：斯坦伯格博弈理论、静态博弈理论和委托代理理论。

### 一、斯坦伯格博弈

最简单的动态博弈是由德国经济学家 Heinrich Von Stackelberg 于 1934 年提出的，在 Stackelberg 提出的双头垄断模型中，市场由两个竞争的厂商组成，两个厂商先后作出各自的产量决策，其中一个支配企业(领导者)先决定自己的产量，从属企业(追随者)观察到支配企业的决策后再决定自己的产量，支配企业通过预测从属企业的反应来作出自己的最优决策。我们一般采用逆向求解法来求解斯坦伯格博弈模型的最优解，将最优解称为斯坦伯格均衡。

### 二、静态博弈

库诺特(Cournot)于1838年提出的寡头竞争模型和豪泰林(Hotelling)于1929年提出的价格竞争模型是最典型的静态博弈问题。在库诺特模型中，两个竞争的厂商同时决定各自的最优产量；在豪泰林模型中，竞争的厂商同时决定各自的最优价格。在静态博弈模型中，各参与方同时进行决策，每个参与人在作决策的时候都无法观察到其他人的决策信息，我们将静态博弈模型的最优解称为纳什均衡。

### 三、委托代理理论

在信息经济学文献中，我们通常将拥有私有信息的参与人称为“代理人”(Agent)，而将无法观测到私有信息的参与人称为“委托人”(Principal)，委托代理问题是由参与人之间信息不对称而引起的，根据非对称信息发生的时间，我们可以将委托代理问题分为逆向选择问题和道德风险问题，其中逆向选择问题是指非对称信息发生在各参与人签约之前，而道德风险问题则指非对称信息发生于各参与人签约之后。

#### (一)逆向选择问题

阿克劳夫于1970年提出的旧车市场模型是最早被人们所关注的逆向选择问题，

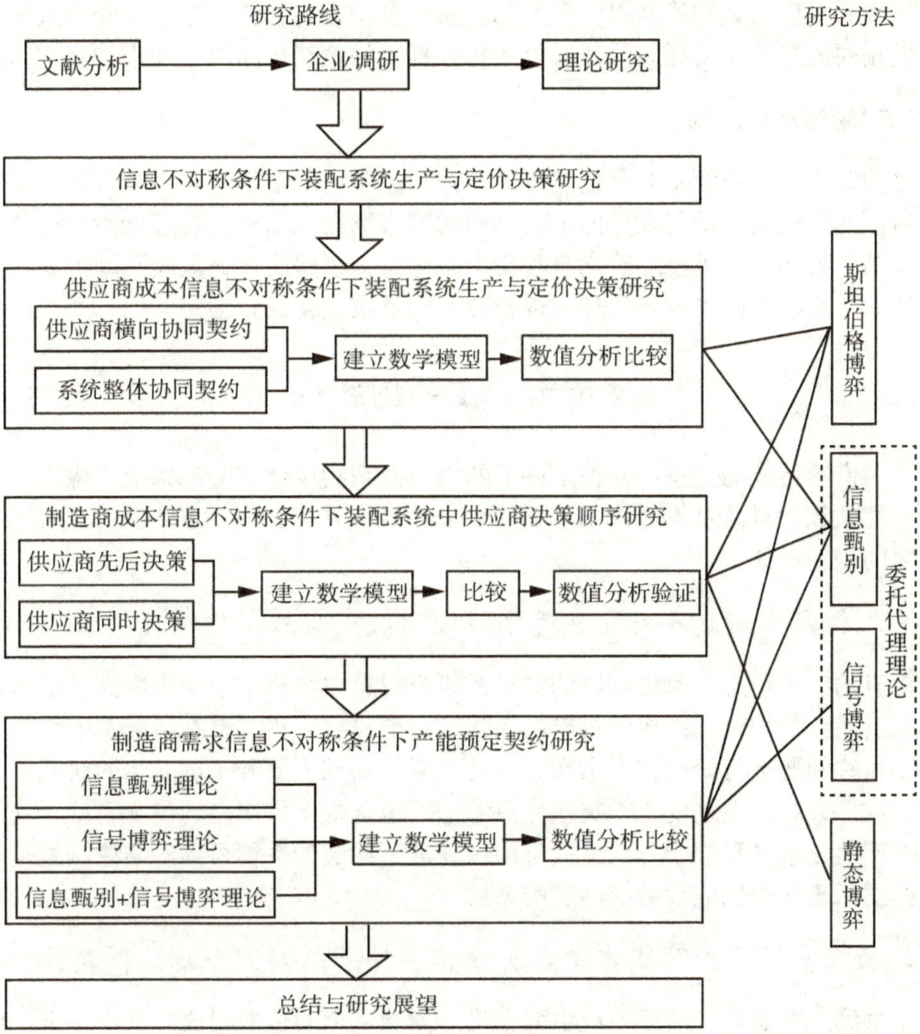


图 1-2 技术路线图

在旧车市场中，卖方比买方拥有更真实的旧车质量信息导致了逆向选择问题的产生。根据委托代理理论，解决逆向选择问题的方法有两种：信息甄别和信号博弈（信号传递）。信息甄别是指委托人通过设计契约的方式激励代理人揭示其真实信息。求解信息甄别模型最主要的方法是机制设计原理，机制设计原理中最主要的结论是 Myerson(1979)提出的显示原理，显示原理认为如果存在委托人的一个最优机制，那么在此最优机制下，代理人一定会反映其真实信息。信号博弈则是指代理人主动向委托人揭示其真实信息，在信号博弈模型中存在两种形式的信号均衡：分离均衡和混合均衡。在分离均衡中，不同类型的代理人提供不同的契约，委托人可以通过代理人提供的契约推断出代理人的真实信息；在混合均衡中，不同类型的代理人提供相同的契约，委托人无法通过代理人提供的契约推断出代理人的真实信息。

**（二）道德风险问题**

道德风险问题中的不对称信息可分为两种类型：隐蔽信息和隐蔽行动。隐蔽信息的道德风险问题如销售人员向上级经理隐瞒市场需求信息；隐蔽行为的道德风险问题如销售人员向上级经理隐瞒自身努力水平。为了解决道德风险问题，委托人应该设计一个激励合同来诱导代理人选择使其利益最大化的行为。

## 第五节 主要创新点

本书借鉴传统的信息不对称条件下的供应链契约设计和装配系统中生产与定价两类研究文献，对信息不对称条件下的装配系统生产与定价决策问题展开了研究，其主要的创新点如下：

### 一、得到了信息不对称条件下装配系统中各成员的最优决策

现有的有关信息不对称问题的文献其研究对象主要集中于单供应商、单制造商或单制造商、单零售商组成的供应链系统，目前只有三篇文献在装配系统背景下对信息不对称问题进行研究，本书在这三篇文献的基础上展开了进一步的研究。本书与大多数研究装配系统的文献类似，只考虑了包含两个供应商的装配系统，其主要原因在于简化推导和便于分析，而且由这种类型的装配系统得到的结论经过扩展研究同样适用于 $n$ 个供应商组成的装配系统。

### 二、提出了供应商成本信息不对称条件下的装配系统协同契约

本书第三章研究的装配系统由两个供应商和一个制造商组成，其中一个供应商的成本信息为其私人信息，其他信息都为公共信息，制造商通过设计契约来揭示真实成本信息。本书提出了一种契约既能揭示该供应商的真实成本信息，又能实现装配系统的整体协同，这与现有的绝大多数文献的研究结论不同，这些文献都认为成本信息不对称条件下供应链无法实现整体协同，而本研究证明了成本信息不对称时，装配系统依然可以实现整体协同。

### 三、揭示了制造商成本信息不对称条件下供应商的决策顺序对装配系统中各成员决策及利润的影响

本书第四章研究的装配系统由两个供应商和一个制造商组成，其中制造商的成

本信息为其私人信息，其他信息都为公共信息，供应商通过转移支付契约来揭示真实成本信息。现在只有两篇文献研究了完全信息条件下供应商的决策顺序对装配系统中各个体利润的影响，很少有文献在信息不对称条件下对此问题展开研究。基于此，本书考虑了两个供应商先后提供契约(先后决策)和同时提供契约(同时决策)两种情况，分析了每种情况下供应商的最优决策，并比较了每种情况下各成员的利润。

### 四、建立了制造商需求信息不对称条件下的信息甄别模型和信号博弈模型，并比较了这两种模型

本书第五章研究的装配系统同样由两个供应商和一个制造商组成，其中制造商的需求信息为其私有信息，其他信息都为公共信息。目前，只有三篇文献同时建立了信息甄别模型和信号博弈模型来揭示不对称需求信息，而且这些文献的研究对象都是单供应商、单制造商或者单制造商、单零售商组成的供应链系统。借鉴这些文献的研究成果，本书同时建立了信息甄别模型和信号博弈模型来识别制造商的需求信息，提出了三种产能预定契约来实现需求信息共享，并比较了每种契约下各成员的利润和系统总利润，其中第一种契约对应着信息甄别模型，第二种契约对应信号博弈模型，第三种契约对应混合信息甄别与信号博弈模型。

# 第二章　国内外相关研究综述

与本书相关的研究文献可以分为以下三类：(1)信息不对称条件下的供应链契约设计研究文献，(2)装配系统生产与定价决策研究文献，(3)产能预定问题研究文献。

## 第一节　信息不对称条件下的供应链契约设计研究

从研究问题来看，现有的信息不对称契约设计研究文献主要集中于成本信息不对称、需求信息不对称、质量信息不对称、供应中断信息不对称和产能信息不对称等几个方面。由于本书只考虑了成本信息不对称和需求信息不对称两种情况，因此，我们只对这两方面的研究文献进行回顾。从研究方法来看，Chen(2003)指出现有的运营管理类文献中消除不对称信息的方法主要有两种，分别为信息甄别和信号博弈。为了便于阐述有关成本信息不对称和需求信息不对称两方面文献的研究现状，本节将从不对称信息的类型和研究方法两个维度来对这两方面的文献进行分类，分类结果见表 2-1。

表 2-1　　信息不对称契约设计研究文献及分类

| 不对称信息类型 | 研究方法 | 相关文献(按国内外和年代顺序) |
|---|---|---|
| 成本信息 | 信息甄别 | Corbett 和 deGroote(2000)，Ha(2001)，Corbett et al.(2004)，Chakravarty 和 Zhang(2007)，Wagner 和 Friedl(2007)，Mukhopadhyay et al.(2008)，Kaya 和 Özer(2009)，Liu 和 Cetinkaya(2009)，Xu et al.(2010)，Bolandifar et al.(2010)，Li 和 Scheller-Wolf(2011)，Özer 和 Raz(2011)，Shen 和 Willems(2012)，Cakanyildirim et al.(2012)，Chen et al.(2012)，Kim 和 Netessine(2013)，Cao et al.(2013)，Kayis et al.(2013)，Fang et al.(2014)，索寒生等(2004)，苏菊宁等(2004)，徐最(2007)，吴三平和徐晓燕(2008)，徐和等(2009)，郭杨丹琴等(2011)，红梅等(2012)，王新辉等(2012)，郭敏和王红卫(2001)，王新辉等(2013) |
| | 信号博弈 | 何建佳等(2013) |

续表

| 不对称信息类型 | 研究方法 | 相关文献(按国内外和年代顺序) |
|---|---|---|
| 需求信息 | 信息甄别 | Mishra 和 Prasad(2004), Burnetas et al. (2007), Ha 和 Tong (2008), Li et al. (2009), Gan et al. (2010), Babich et al. (2012), Kalkanci 和 Erhun (2012), Oh 和 Özer(2013), Lee 和 Yang (2013), Li et al. (2013),郭琼和杨德礼(2006a) |
| | 信号博弈 | Desai 和 srinivasan (1995), Lariviere 和 Padmanabhan (1997), Desai (2000), Cachon 和 Lariviere(2001), Anand 和 Goyal(2009), Kong 和 Rajagopalan(2013), Li et al. (2014), Gümüs(2014),唐宏祥等(2004),郭琼和杨德礼(2006b),侯琳琳和邱菀华(2007) |
| | 信息甄别+信号博弈 | Chu (1992), Özer 和 Wei (2006), Feng et al. (2012) |
| 成本和需求信息 | 信息甄别 | Kostamis 和 Duenyas (2011) |
| | 信号博弈 | 无 |

## 一、成本信息不对称条件下的供应链契约设计研究

现有的研究成本信息不对称的运作管理类文献绝大多数是采用信息甄别的方式来揭示真实成本信息。我们按照供应链中不对称成本信息产生的地理位置的不同，将此类文献分成两类：(1)上游供应商(制造商)成本信息不对称时下游制造商(零售商)的最优机制设计问题研究；(2)下游零售商(制造商)成本信息不对称时上游制造商(供应商)的最优机制设计问题研究。

第一类研究文献方面，Wagner 和 Friedl (2007)研究了当市场上出现新的供应商，并且该供应商成本信息不对称时，购买方是否应该更换供应商的问题。徐最(2007)研究了供应商的成本信息不对称时制造商的最优机制设计问题，该文中制造商通过转移支付契约来揭示供应商的真实成本信息。徐和等(2009)研究了存在紧急订单供应商，并且其成本信息不对称时，制造商与常规订单供应商的订货策略以及紧急订单供应商的激励合同设计问题。Xu et al. (2010)研究了双渠道供货问题中，备用供应商的生产成本信息不对称时，下游制造商的最优机制设计问题，该文提出了一种由提前期和转移支付量组成的契约来揭示真实成本信息。郭红梅等(2012)研究的供应链由单个制造商和单个零售商组成，并且制造商的生产成本信

息不对称，该文分析了生产成本的分布对制造商的最优生产量、供应链整体利润和各成员利润的影响。Kim 和 Netessine(2013)研究了在新产品研发阶段，供应商的生产成本为其私有信息时，制造商提供的不同采购契约对供应商合作降低零部件生产成本动机的影响。

第二类研究文献方面，Corbett 和 deGroote(2000)研究了买方单位库存成本信息不对称时，供应商如何设计批量折扣契约来揭示该信息。Ha(2001)分析了买方成本信息不对称时上游供应商的最优两部收费契约，该文指出信息不对称会导致买方的最优订货量低于系统的最优订货量，并且首次提出了阈值策略。Corbett et al.(2004)考虑了买方成本结构信息共享和不对称两种情况，分析了供应商分别采用批发价契约、二部线性收费契约和二部非线性收费契约三种契约时的利润，通过比较这三种利润，得到了二部收费契约下信息价值更大的结论。索寒生等(2004)研究的供应链包含一个供应商和一个零售商，其中零售商的销售成本信息不对称，该文得到了供应商的最优回购策略。苏菊宁等(2004)研究的供应链由一个供应商和一个制造商组成，其中制造商的订货成本信息不对称，该文探讨了库存协调方案及其有效性条件。Mukhopadhyay et al. (2008)假设一个制造商拥有直销和零售商分销两种销售渠道，其中零售商为了提高竞争力而为产品增加附加值，但是增加附加值的成本是其私有信息，该文给出了制造商和零售商的最优定价策略。Kaya 和 Özer(2009)研究的供应链由一个合约制造商和一个原始设备制造商组成，该文分析了合约制造商的质量成本信息不对称对各成员利润和最终产品质量的影响。Bolandifar et al. (2010)研究了供应商的产能成本信息不对称时下游客户的最优机制设计问题，为了使得研究更具有说服力，该文共考虑了四种契约执行模式：供应商和客户均强制执行；供应商和客户均自愿执行；供应商强制执行而客户自愿执行和客户强制执行而供应商自愿执行。Chen et al. (2012)研究的供应链中包含两个原始设备制造商(大型、小型)和一个合约制造商，其中合约制造商的成本信息为其私有信息，该文分析了大型原始设备制造商是否应该将零部件的采购外包给该合约制造商来完成。同 Mukhopadhyay et al. (2008)一样，Cao et al. (2013)一文中也假设制造商拥有直销和零售商分销两种销售渠道，分析了零售商的私有成本信息对制造商的销售策略、制造商的利润和零售商的利润的影响。

此外，还有三篇有关成本信息不对称的研究文献无法按照上述分类方法进行归类。郭敏和王红卫(2001)研究的供应链由一个供应商和一个批发商组成，他们采用 EOQ 模型研究了存在不对称成本信息时系统协调方案有效性的条件，该文中批发商的成本信息、供应商的成本信息、批发商和供应商的成本信息都有可能为不对称信息。Chakravarty 和 Zhang (2007)研究了供应商之间的信息不对称问题，该文中考虑的供应链只包含两个供应商，即供应商 1 和供应商 2，其中供应商 1 的产能成本信息是其私有信息。该文对集中决策、贝叶斯博弈和供应商 2 通过转移支付契约来揭示供应商 1 的真实信息在三种模式下的系统产能进行了比较，结论显示产能成本信息不对称时，供应链无法实现协同，但是某些条件下转移支付契约能够改进系统的总利润。Liu 和 Cetinkaya（2009）研究的供应链由一个供应商和一个买方组成，他们分析了每个成员成本信息对称与否、契约弹性和供应链驱动形式对供应链绩效的影响。

上述这些文献考虑的都是单边成本信息不对称的供应链系统，近年来，有少数学者对具有双边(多边)不对称成本信息的供应链展开了研究。Özer 和 Raz(2011)在制造商成本和备用供应商成本均可能为私有信息的假设下，对双渠道供货中的最优价格机制设计问题展开了研究。Li 和 Scheller-Wolf(2011)研究了多个成本信息不对称的供应商通过竞价来为买方提供产品时，推式(Push)和拉式(Pull)两种契约对买方利润的影响。Kayis et al.（2013)研究了供应链中的采购外包问题，该文中的供应链由下游制造商、一级供应商和二级供应商组成，其中一级供应商和二级供应商的成本信息都不对称，该文分析了制造商应该直接向其二级供应商采购零部件还是将采购外包给一级供应商。王新辉等(2012)，Wang et al.（2014)，Wang 和 Wang(2014)研究的供应链由单个供应商和单个零售商组成，供应商的成本信息和零售商的价格信息都不对称。该文虚拟了一个不需要赚取利润的第三方作为供应链系统的委托人，由该第三方设计契约来揭示供应商和零售商的真实信息。

上述文献都没有考虑供应链的协同问题，而且现有的大多数文献认为成本信息不对称时供应链无法实现协同，只有少数几篇文献证明了成本信息不对称时供应链依然可以实现协同。吴三平和徐晓燕(2008)认为制造商的成本信息不对称时，零售商能够通过线性转移支付契约揭示该信息并且实现供应链的协同。杨丹琴等(2011)研究的供应链由一个制造商和一个关键零部件供应商组成，制造商采购非关键零部件的成本信息是其私人信息。该文提出了一种由单位产能预定价格和零部件批发价组成的产能预定契约实现了供应链协同。Shen 和 Willems(2012)研究的供应链系统由一个制造商和一个零售商组成，其中零售商的销售成本信息是私有信息，探讨了制造商的最优回购契约方案。该文共设计了两种回购契约，第一种契约不仅揭示了零售商的真实成本信息，而且实现了供应链系统的协同；第二种契约也能够识别零售商的真实成本信息，但不能使供应链系统达到协同。Cakanyildirim et al.（2012)研究了供应商的成本信息不对称且其保留利润与该成本相关时，零售商的最优机制设计问题。该文中供应商可能为高成本和低成本两种类型，零售商提供的契约由订货量和供应商的利润占系统总利润的比率两部分组成。研究结果表明当两种成本类型的供应商的保留利润之差与两种成本之差的比值满足一定条件时，该文提出的契约能够实现供应链的协同。王新辉等(2013)研究了制造商和销售商的成本信息都不对称时的供应链协同问题，该文提出了一种基于双方期望信息租金的分配方法，并且以此方法为基础设计了一组转移支付契约来实现供应链的协同。

目前，采用信号博弈方法来揭示不对称成本信息的文献非常少，何建佳等(2013)认为在成本信息不对称时，如果零售商采用信号发送机制设计收入共享契约，无竞争的零部件供应商将有可能虚报自身生产成本；而存在竞争时，具有长期合作意向的供应商趋向于报出真实成本。

## 二、需求信息不对称条件下的供应链契约设计研究

现有的需求信息不对称契约设计类文献中，一部分采用信息甄别的方式来揭示需求信息，一部分采用信号博弈的方式来揭示需求信息，还有少数几篇文献同时采用了这两种方式来揭示需求信息。

信息甄别方面，Mishra 和 Prasad(2004)研究了零售商的需求信息不对称时，批发商应该自己对产品进行定价还是将定价权授予零售商，研究表明，批发商如果能够通过契约揭示真实需求信息，自行定价对于其来说更优。郭琼和杨德礼(2006a)通过期权契约来揭示零售商的需求信息，该期权契约由期权购买量和产能数量两部分组成。Burnetas et al. (2007)研究了零售商的需求信息不对称时，供应商如何设计数量折扣契约来实现供应链的协调。Ha 和 Tong (2008)以两条竞争性供应链为研究对象，其中每条供应链均由一个制造商和一个零售商组成，每个零售商的需求信息都不对称。该文研究了采用菜单合同和线性价格合同时每条供应链中的制造商是否愿意进行信息共享的投资。Li et al. (2009)在零售商需求信息不对称时，比较了期权契约和远期承诺对供应商和零售商的最优决策的影响。Gan et al. (2010)研究了信息不对称下的 Drop-shipping 供应链，该文中需求信息为零售商的私有信息。他们提出了一个承诺-惩罚契约，即供应商在销售周期开始前准备好一定的库存值，当实际需求比这个值低时，零售商需要赔偿部分金额给供应商；当实际需求比这个值高时，供应商需要赔偿部分金额给零售商。结果证明承诺-惩罚契约能使得 Drop-shipping 供应链在完全信息条件下达到协同，而在不对称信息条件下也能揭示零售商真实的市场需求信息，并因此而获利。Babich et al. (2012)研究了零售商的私有需求信息为连续分布和离散分布两种情况下的最优回购契约。Kalkanci 和 Erhun (2012)是第一篇研究装配系统中的需求信息不对称问题的文献，该文中供应商通过转移支付契约来揭示制造商的需求信息。Lee 和 Yang(2013)研究了由两个竞争的供应商和一个零售商组成的供应链，其中零售商的需求信息不对称，比较了两部收费契约和数量折扣契约对供应商决策的影响。Li et al. (2013)研究了零售商需求信息不对称时供应商是否应该开展直销活动。上述文献都是在单周期环境下探讨最优机制设计问题，Oh 和 Özer (2013)将此问题的研究扩展到多周期背景下进行。该文中下游制造商具有不对称需求信息且该信息不断更新，上游供应商通过转移支付契约来揭示需求信息时需要暂停建立产能，但是这样做会导致供应商无法获得最新的需求信息而且产能费用会增加。该文探讨了供应商是否应该甄别需求信息以及何

时停止甄别需求信息。

信号博弈方面，Desai 和 Srinivasan(1995)探讨了制造商拥有产品需求的私有信息时如何通过两部收费契约来向下游零售商显示其真实需求信息，同时还研究了制造商能否观察到零售商的服务水平对其决策的影响。Lariviere 和 Padmanabhan (1997)的研究表明制造商究竟选择批发价契约还是上架费(Slotting Allowance)将产品的需求信息传递给零售商取决于零售商储存产品的固定成本。当该成本较低时，制造商仅仅通过批发价契约就可以向零售商传递真实需求信息；当该成本较高时，制造商需要同时采用批发价和上架费才能向零售商传递真实需求信息。Desai (2000)分析了制造商拥有产品需求的私有信息时，广告投入和上架费这两种方法，哪种更有利于制造商向下游零售商显示真实信息。Cachon 和 Lariviere(2001)研究了自愿合作和强制服从两种模式下制造商分享需求预测信息的问题，并提出了一种产能预定契约来协调供应链。唐宏祥等（2004)指出零售商能够利用批发价来向供应商揭示真实的需求信息。郭琼和杨德礼(2006b)在零售商需求信息不对称时，提出了一种期权契约来激励零售商借助期权购买量来向供应商揭示真实的需求信息。Anand 和 Goyal(2009)研究了在由两个竞争的零售商(主导零售商和追随零售商)和一个供应商组成的供应链中，当主导零售商通过采购量向供应商传递市场需求信息时，供应商是否会将市场需求信息泄露给追随零售商的问题。结果表明如果供应商和两个零售商以批发价契约的形式展开合作时，供应商一定会将其推断出的市场信息告知追随零售商。Kong 和 Rajagopalan(2013)在上文的基础上展开了进一步的研究，与上文不同的是该文假设供应商和两个零售商之间以收益共享契约的形式展开合作，结果表明此时供应商不一定会将需求信息泄露给追随零售商。侯琳琳和邱菀华(2007)在制造商需求信息不对称的条件下，设计了一种利润共享契约来激励制造商向供应商传递真实的需求信息。Li et al. (2014)在零售商具有需求私有信息的条件下研究了供应商的直销行为对自身和零售商的影响。Gümüs (2014)认为零售商通过询价单(Request for Quotation, RFQ)和最小/最大采购量能够向供应商传递真实的需求信息。

还有些文献同时采用信号博弈和信息甄别的方法来揭示真实需求信息。Chu (1992)研究的供应链由一个供应商和一个零售商组成，由于该文考虑的产品为新产品，因此制造商比零售商拥有更多的需求信息。在信号博弈模型中，制造商设计了一个由批发价和广告成本组成的契约来向零售商传递需求信息。在信息甄别模型中，零售商通过提供一组上架费菜单来揭示制造商的需求信息。研究结果表明采用哪种策略取决于供应商和零售商议价能力的强弱。Özer 和 Wei(2006)研究的供应链由一个供应商和一个制造商组成，其中供应商在制造商下达实际订单之前需要准备一定的产能，制造商比供应商拥有更多的需求信息，该文探讨了如何实现供应链中的需求信息共享。该文共设计了两种契约来实现需求信息共享，第一种是产能预定契约，该契约属于信息甄别方法；第二种是提前购买契约，该契约属于信号博弈方法。该文还通过数值分析对这两种契约进行了比较，指出了每种契约的适用条件。Feng et al.（2014）研究的对象由单个卖方和单个买方组成，其中买方拥有更多的市场信息。该文中卖方和买方通过动态协商来完成交易，卖方通过出价来识别买方的需求信息，而买方则通过还价来传递需求信息。

### 三、成本和需求信息不对称条件下的供应链契约设计研究

现在有极少数文献研究了成本和需求信息都不对称时的契约设计问题。Kostamis 和 Duenyas（2011）研究了由一个供应商和一个原始设备制造商组成的供应链，其中原始设备制造商拥有市场需求和生产成本两方面的私有信息，供应商通过转移支付契约菜单来揭示这些私有信息，结果显示对于原始设备制造商来说，并不是拥有的私有信息越多利润越高；对于整个供应链来说，也不是信息共享程度越高利润越高。

## 第二节　装配系统生产与定价决策研究

装配系统一般由多个互补的供应商和单个制造商组成，纵向上供应商与制造商之间的博弈以及横向上多个供应商之间的博弈都会影响系统最终的产出，为了解决这一问题，学术界对装配系统的协同问题展开了一系列的研究。基于此，本节将研究装配系统生产与定价决策的文献按照是否考虑系统协同来进行分类，并详细回顾了每一类文献。

### 一、考虑系统协同的装配系统生产与定价决策研究

此类研究文献按照供应商的产出是否确定可以分为两类：供应商产出确定下的装配系统协同研究和供应商产出随机下的装配系统协同研究。供应商产出确定下的装配系统协同研究方面，Gerchak 和 Wang（2004）首先证明了仅采用收益共享契约或批发价契约时装配系统无法实现协同，然后提出了基于收益共享和补贴的混合契约和基于批发价和回购的混合契约来实现系统协同。Zou et al.（2004）认为各供应商的生产时间和生产数量不一致导致难以实现装配系统的协同，为了解决这一问题，他们认为由制造商提出截止时间，供应商持有一定的安全库存，并且供应商与制造商之间以收益共享契约展开合作可以实现系统的协同。浦徐进等（2006）研究的装配系统由两个供应商和一个制造商组成，他们设计了一种基于批发价和价格补贴的供应链协调策略使得各成员的收益都得到了帕累托改进。Leng 和 Parlar（2010）研究了产品需求随机且与价格相关条件下的装配系统协同问题。该文首先研究了需求量为随机波动项与价格函数之和的情况，分析了该情况下制造商和所有供应商同

时决策时的纳什均衡和先后决策时的斯坦伯格均衡，并提出了一种基于回购和缺货成本共担的契约，实现了装配系统的协同。然后，该文又研究了需求量为随机波动项与价格函数之积的情况，同样地研究了两种决策模式下的均衡解和协同契约。

供应商产出随机下的装配系统协同研究方面，Gurnani 和 Gerchak(2007)在产出随机、需求确定和供应商自愿服从契约的假设下，对由两个供应商和单制造商组成的装配系统的协同问题展开了研究，提出了一种基于惩罚成本的系统协同策略，并在 $n$ 个对称供应商的情景下对此问题进行了扩展研究。Güler 和 Bilgic(2009)研究了供应商产出和市场需求都随机时的装配系统协同问题，提出了一种基于回购、收益共享和转移支付的契约来实现系统协同。Yan et al.(2010)在 Gurnani 和 Gerchak(2007)一文的基础上引入了残值，并在 $n$ 个不对称供应商的情景下对此问题进行了扩展研究，结果证明 Gurnani 和 Gerchak(2007)中提出惩罚机制无法实现系统协同，于是提出一种批发价和补贴混合契约来实现系统协同。马士华和李果(2010)、李果等(2011a，2011b)也在 Gurnani 和 Gerchak(2007)的基础上对由两供应商和单个制造商组成的装配系统协同问题展开了研究。Güler(2015)在供应商产出和市场需求都随机的条件下，提出了四种契约来实现装配系统协同，并证明了在这四种契约中能够任意划拨制造商和供应商的利润。

上述这些文献都是在单周期环境下研究装配系统协同问题，现在还有一些文献对多周期环境下研究装配系统协同问题展开了研究。Bernstein 和 DeCroix(2006)以两个供应商、单制造商装配系统为研究对象，比较了分散决策和集中决策下各个体的最优库存策略，并通过转移支付机制实现了系统的协调。Chu et al.(2006)研究了装配系统中多周期生产与定价决策问题，该文中的装配系统由两个供应商和一个制造商组成，每个供应商的提前期不同且采取的库存策略也不同。该文首先分析了供应商同时决策和先后决策两种模式下的供应商最优库存决策，然后设计了一种基于供应商提前期的线性转移支付机制来实现系统协同。Zou et al.(2008)将装配系统契约设计的研究从单阶段扩展成了两阶段，该文认为通过调节零部件的批发价和回购价格能够实现装配系统的协同。Yang et al.(2011)考虑到制造商在需求信息更新后可能取消向提前期较长的供应商发出的订货要求，从而研究了需求信息更新对装配系统的影响。该文认为供应商通过回购并且对制造商取消订单的行为采取惩罚措施能够实现系统的协同，研究结果表明协同契约同需求分布和需求更新的过程无关。Oh et al.(2014)研究了装配系统中多周期生产与定价决策问题，该文考虑了多产品的情况，提出了一种状态依赖的基本库存模型和隔离补货决策、定价决策和零件分配决策的启发式算法来实现系统的协同。

## 二、未考虑系统协同的装配系统生产与定价决策研究

Wang 和 Gerchak(2003)研究了装配系统中各成员的产能决策问题，分析了集

中决策环境下的系统最优产能，以及由制造商或由供应商来确定零件价格时，供应商和制造商的最优产能决策。Wang et al.（2004）考虑了同时采用寄售契约和收益共享契约的情况，他们认为采用该联合契约时，系统总利润和各成员利润都受到需求的价格弹性和零售商成本占渠道总成本的比例的影响。Kim et al.（2006）研究了由两个供应商和一个制造商组成的装配系统中，制造商对每个供应商采用不同的采购契约时，每种零部件的最优采购策略。Wang(2006)假设零售商(也可看成制造商)与多个供应商之间以收益共享的方式展开合作，其中零售商先决定各自的收益共享比例，然后多个供应商先后或者同时决定各自的批发价及生产量，该文分析了这两种决策顺序对各个供应商、零售商以及供应链利润的影响。Jiang 和 Wang（2007）在 Wang（2006)的基础上展开了进一步的研究，研究对象变成了由多个供应商和一个制造商组成的装配系统。除了收入共享契约外该文还考虑了批发价契约，在批发价契约中，首先多个供应商先后或者同时向制造商提供各自的批发价，然后制造商决定零售价和采购量；收入共享契约中的决策顺序则与上文相同。该文分析了两种决策顺序和两种契约对各个供应商、制造商以及供应链利润的影响。Fang et al.(2008)研究的装配系统中制造商产品的价格与其交货期相关且制造商与供应商之间以 VMI 的形式展开合作，该文分析了制造商的价格决策和供应商的产量决策。Jiang 和 Wang（2010)在研究装配系统时考虑了供应商之间的竞争，他们认为供应商之间的直接竞争能够改进制造商、各供应商和系统的表现，而且供应商之间间接的竞争对制造商有利。Chen et al.（2014)研究了定价权对装配系统中各个体利润的影响，该文中的定价权主要体现在决定顺序上，决策顺序越靠前意味着定价权越高，该文共考虑了三种决策顺序。这三种决策顺序分别类似于推式契约、拉式契约和混合推拉结合式契约中各个体的决策顺序。另外他们还考虑了零部件的批发价由同一个个体决定和由不同的个体决定两种情况。该文的研究结果表明：对于每个个体来说，定价权高不一定能带来更高的利润。Guan et al.（2015)首次明确提出了混合推拉结合式契约，通过该契约和推式、拉式契约的对比，分析了装配系统中的供应商和制造商对各种契约的偏好，并且将该问题扩展到 $n$ 个供应商的情境下进行研究。

上述文献考虑的都是最基本的装配系统(单一产品、两级供应链结构)，还有些文献考虑的是较为复杂的装配系统，这些文献主要结合以下几点来进行研究：多级装配系统、多产品、现货市场、供应商联盟、多周期订货问题。Bernstein 和 DeCroix(2004)对多级装配系统展开了研究，其中上级制造商会将一些装配任务外包给下级制造商，上级制造商决定向下级制造商购买组件的价格，下级制造商决定向供应商购买零部件的价格。该文分析了该装配系统的均衡价格和产量决策，并和普通的单级装配系统进行了比较分析。Bernstein et al.（2007)研究的装配系统中包含两种最终产品和三种零部件，该文分析了制造商作为该系统的主导者时，制造商的最优价格决策和供应商的最优产能决策。肖永波等(2007)以一个需求和产能都不确定的单周期 ATO 系统为研究对象，通过建立两阶段规划模型，探讨了制造商的最优零部件库存量和最优生产决策，并扩展研究了制造商可以通过外包来获得更多装配产能时的最优决策。Granot 和 Yin(2008)在 Wang et al. (2004)的基础上，将单个供应商扩展成供应商联盟展开研究，分别构建了推式和拉式模式下的决策模型，比较分析了两种模式下供应商联盟的稳定性，研究发现在拉式模式中供应商更容易实现产量的协调。Nagarajan 和 Bassok (2008)、Nagarajan 和Došić (2009)和 Yin (2010)都对装配系统中的供应商联盟问题展开了研究。Ma et al. (2013)结合现货市场来研究供应商产量随机时装配系统中的生产与订货问题，研究结果表明现货市场能够有效弥补供应商产量随机所带来的负面效应。Li et al. (2013)研究了存在服务水平约束时，装配系统中的多周期订货问题。

前两节中的文献都是在信息对称条件下对装配系统展开研究，目前出现了少数几篇文献在信息不对称条件下对装配系统进行研究。Kalkanci 和 Erhun (2012)是唯一一篇在需求信息不对称条件下对装配系统进行研究的文献，该文研究的装配系统由两个供应商和一个制造商组成，其中制造商的需求信息为不对称信息。供应商采用了复杂和简单两种契约来揭示真实需求信息，其中复杂契约为转移支付契约，而简单契约则为批发价契约，该文分析了每种契约的最优形式并比较了两种契约下的各个供应商的利润。何建佳等(2013)研究的装配系统中供应商的成本信息均为不对称信息，该文发现通过引入信号发送机制和同类配件供应商竞争，具有长期合作意向的供应商会揭示真实成本信息。Fang et al. (2014)研究了装配系统中所有供应商的成本信息均不对称时制造商的最优机制设计问题，该文中制造商通过转移支付契约来揭示各个供应商的真实成本，并且设计了一种启发式算法来给出最优契约的形式。

## 第三节　产能预定问题研究

美国学者 S. David Wu 对产能预定契约展开了一系列的研究，并提出了多种产能预定契约。Erkoc 和 Wu (2005)提出了一种可抵扣购买费用的产能预定契约(Deductible Reservation Contract)，在该契约中，在需求实现前，客户先支付一笔费用用于预定制造商的产能。在需求实现后，当客户下达购买订单时，该预定费用可以抵扣部分购买费用。他们认为该契约虽然对供应链中的各个体有利，但是无法实现系统协同，于是提出了一种基于部分费用抵扣和成本分担的契约来实现系统协同。Wu et al. (2006)分析了制造商如何通过延迟支付产能预定契约来向上游供应商预定产能，该契约分成两个阶段，在第一阶段中，需求实现前，制造商决定向供应商购买多少产能并预备多少产能，在该阶段中制造商风险中立；第二阶段中，需求实现后，制造商决定是否购买及购买多少预备产能，在该阶段中，制造商变成风险厌恶类型。Jin 和 Wu (2007) 比较了可抵扣和照付不议两种产能预定契约(Take-or-Pay Contract)，可抵扣产能预定契约与 Erkoc 和 Wu (2005)一文类似，在照付不议产能预定契约中，客户在预定产能时不需要事先支付费用，在客户下达购买订单后，制造商根据实际需求是否达到预定产能的一定比例来决定是否向客户收取罚款。研究结果表明可抵扣产能预定契约可以实现供应链的协同，但是照付不议产能预定契约中，制造商的利润更大。

现在也有很多学者将产能预定和现货市场结合起来进行研究。Serel et al. (2001)和 Serel(2007)研究了现货市场中的供应量随机时制造商与供应商之间的多阶段产能预定契约。Wu 和 Kleindorfer (2005)结合期权契约和现货市场来研究买方和多个卖方之间的产能交易问题。Hazra 和 Mahadevan(2009)考虑了供应量随机的多个供应商通过竞价的方式向买方提供产能的问题，在该文中，买方的目标决策包含两个方面：一是买方应该预定多少产能；二是买方应该从多少个供应商中预定这些产能。研究结果表明增加供应商的数量对买方的帮助不大，但是供应商产能异质性的增加对买方有利。慕永国等(2009)将条件风险价值(Conditional Value at Risk, CVaR)用来评价采用产能预定期权契约时的供应链风险，研究了销售商风险中性及风险厌恶情况下的最优产能预定量。夏海洋和黄培清(2010)以一个原始设备制造商和一个合约制造商组成的供应链系统为研究对象，在该系统中，原始设备制造商可以通过期权契约向合约制造商预定产能，也可以临时向合约制造商购买产能，而合约制造商在产能无法满足原始设备制造商的需求时，也可以将生产任务部分外包给其他厂商来完成。该文研究了原始设备制造商的最优产能预定策略和合约制造商的最优产能扩充策略。Inderfurth 和 Kelle (2011)在现货市场的价格和需求都不确定的条件下，提出了一种结合产能预定和现货市场采购的多周期基本库存策略，该库存策略需要确定最优产能预定量和最优基本库存量。Inderfurth 和 Kelle (2011)中的最优产能预定量和最优基本库存量都与现货市场的价格无关，Inderfurth et al. (2013)在上文的基础上进一步研究了最优产能预定量和最优基本库存量都与现货市场的价格相关时的多周期基本库存策略。田军等(2013)以应急物资采购为背景，在存在一个供应能力有限的现货市场的前提下，研究了采购方的最优产能期权契约设计问题。

上述这些文献都是在信息对称条件下研究产能预定问题，当供应链中存在不对称信息时，产能预定契约除了分担风险的作用外还可以用来揭示不对称信息，如 Cachon 和 Lariviere(2001)，Özer 和 Wei(2006)研究了如何通过产能预定契约来揭示真实需求信息，杨丹琴等(2011)研究了如何利用产能预定契约来揭示真实成本信息。

## 第四节　本 章 小 结

从上述分析中我们可以发现：(1)目前有关信息不对称的研究文献其研究对象主要集中于单个供应商、单个制造商或者单个制造商、单个零售商组成的供应链系统，很少有文献在信息不对称条件下对由多个供应商组成的装配系统进行研究；(2)目前研究装配系统生产与定价决策的文献大多假设信息是完全对称的，只有少数几篇文献在信息不对称条件下研究了此问题；(3)目前大多数文献在信息对称条件下研究产能预定契约，只有少数几篇文献在信息不对称条件下研究该契约，而在装配系统中研究该契约的文献则更少。针对过去研究中的不足，本书在成本信息不对称和需求信息不对称条件下研究了装配系统中的生产与定价决策问题。

# 第三章 供应商成本信息不对称下装配系统生产与定价问题研究

## 第一节 问题背景

供应链是由多个相互独立的决策主体组成的分布式系统，决策权和信息分布于整个系统之中，当供应链的成员拥有私有信息时，出于自身利益的考虑，他们通常会保留这些私有信息，以谋求在交易中获取更多的利益，从而引发供应链中的信息不对称问题。不对称信息的存在往往会导致供应链系统的效率损失，给供应链系统的整体协同带来困难，这种现象在由众多地理位置分散的节点企业构成的装配系统中表现得尤为明显。以汽车、家电和数码产品为代表的装配系统，其零部件种类多样，受到零部件供应商地理位置的限制，零部件的生产和最终产品的装配通常在不同地区甚至不同国家进行，导致生产过程中的计划、组织、协调任务繁重。此外，各个零部件的供应商都是独立的决策主体，实现所有零部件的供应时间和数量完全一致十分困难，因此经常会出现由于零部件数量短缺或者送达时间不一致而导致停工待料的现象，严重影响了供应链的竞争力。作为装配系统中的核心企业，制造商为了解决这些问题，往往会通过协同的方式来提高供应商的齐套率，实现 JIT 生产，这就要求供应商和制造商之间实现高度的信息共享，但是在现实的生产经营环境中企业往往将成本等信息作为商业秘密严格保密，不会轻易地告知其他企业，因此研究信息不对称条件下的装配系统协同问题更具有现实意义。

目前成本信息不对称方面的文献主要研究单供应商、单制造商或者单制造商、单销售商组成的供应链系统，很少有文献关注多供应商组成的装配系统中成本信息不对称问题的研究，只有 Fang et al.（2014）和何建佳等(2012)对成本信息不对称条件下的装配系统协同问题展开了研究。本章与这两篇文献的主要区别如下：(1)何建佳等(2012)从信号博弈的角度通过引入竞争来揭示成本信息；而本书将从信息甄别的角度通过契约设计来揭示成本信息；(2)Fang et al.（2014)的研究中，由于所有供应商的成本信息都不对称，作者无法通过一阶最优条件来求解制造商的最优机制设计问题，他们提出了一种启发式算法来求解该问题；而本书中我们只考虑了一个供应商成本信息不对称的情况，将通过一阶最优条件来求解制造商的最优机制设计问题。(3)这两篇文献都没有考虑装配系统的整体协同，而且现有的大多数文献都认为成本信息不对称时供应链无法实现整体协同，只有少数几篇文献认为成本信息不对称时，供应链依然可以实现整体协同；而本章研究了如何在揭示供应商真实成本信息的同时，实现装配系统的整体协同。

## 第二节　模型描述与基本假设

本章研究的装配系统中包含两个供应商(供应商 1 和供应商 2)和一个制造商，每个供应商各生产 1 种零部件，这两种零部件为配套产品，制造商需要采购这两种零部件来完成最终产品的装配，供应商 1 和 2 与制造商以寄售的形式展开合作。供应商 1 的生产成本为 $c_1$，保留利润为 $\Pi_1^-$；供应商 2 的生产成本为 $c_2$，保留利润为 $\Pi_2^-$；制造商的生产成本为 $c_0$，保留利润为 $\Pi_m^-$；最终产品的销售价格为 $p$。其中除了 $c_2$为私有信息外，其余各个变量均是供应商和制造商的公共信息。由于 $c_2$为供应商 2 的私有信息，制造商无法知道其确定值，但是可以根据以往历史数据推测出 $c_2$在区间 $[\underline{c_2}, \overline{c_2}]$ 上满足概率密度函数为 $h(x)$，累计分布函数为 $H(x)$ 的概率分布。假设制造商最终市场需求为 $D$，该需求满足概率密度函数为 $f(x)$，累计分布函数为 $F(x)$ 的概率分布。制造商作为装配系统中的核心企业，享有对供应商产品进行定价的权力，由于供应商 2 的生产成本为其私有信息，制造商对供应商 1 提供的零部件定价时需要参考该成本信息，因此制造商在决定供应商 2 所提供零部件的价格后，再决定供应商 1 所提供零部件的价格。

本章共设计了 3 种契约组合来揭示供应商 2 的私有成本信息 $c_2$，在第 1 种契约组合中，制造商为两个供应商都提供批发价契约；在第 2 种契约组合中，制造商为供应商 1 提供批发价契约，为供应商 2 提供价格补贴契约；在第 3 种契约组合中，制造商为两个供应商都提供价格补贴契约。在第 1 种和第 2 种契约组合中，制造商仅考虑实现两个供应商之间的横向供应协同；在第 3 种契约组合中，制造商考虑实现系统的整体协同。制造商作为契约的设计者，不论在哪种契约组合中都追求自身利润最大化，其最终的选择也取决于哪种契约组合下其获得的利润最大。在这 3 种契约中，均由制造商来决定供应商零部件的批发价，供应商则根据制造商的决策来决定各自的生产量，我们将对每种契约组合下制造商的最优价格决策和供应商的最优生产决策进行分析。

假设 $c_2$也为公共信息，可令 $C = \sum_{i=0}^{2} c_i$，根据经典报童模型可得，集中决策时装配系统的总利润可以表示为 $\Pi_j(c_2) = (p - C)Q_j(c_2) - p\int_0^{Q_j(c_2)} F(y)\mathrm{d}y$，则可得系统的最优生产量为：

$$Q_j^*(c_2)=\bar{F}^{-1}\left(\frac{C}{p}\right)$$

本章的假设条件如下所示：

(1)供应商之间的零部件供应比例是1∶1(该假设主要是为了简化推导，如果实际比例为$m:n$，我们可以将$m$个零部件和$n$个零部件都看成1个零部件，因此不失一般性，我们可以直接假设比例为1∶1)。

(2)市场需求$D$的分布具有IFR(Increasing Failure Rate)性质，即$\frac{f(x)}{\bar{F}(x)}$是递增的，许多分布函数都具有这一性质，如泊松分布、正态分布、均匀分布、Weibull分布和Gamma分布等。

(3)供应商2的生产成本$c_2$的分布具有DRHR(Decreasing Reversed Hazard Rate)性质，即$\frac{H(c_2)}{h(c_2)}$是递增的，同样也存在许多分布函数具有这一性质，如正态分布、均匀分布、指数分布、卡方分布和Logistic分布等。

(4)由于考虑的是单周期模型，因此不考虑零部件和产成品的存储费用，考虑到模型简化问题，也不考虑剩余零部件和产成品的残值。

(5)所有的决策均在实际需求被观测到之前完成。

## 第三节　制造商对两个供应商都采用批发价契约

该情况下的决策顺序如下：(1) 制造商给供应商2提供一组批发价契约菜单$\{w_2(c_2)\}$供其选择；(2) 供应商2从中选择一个价格后将其反馈给制造商，并决定最优产量$Q_2(c_2)$；(3) 制造商根据供应商2的选择决定供应商1的价格$w_1(c_2)$，并将其告知供应商1，供应商1决定最优产量$Q_1(c_2)$；(4) 供应商1和2按照各自的决策进行生产，并在需求实现前将生产的零部件送达制造商处。

Gerchak 和 Wang (2004) 认为在完全信息条件下，当制造商拥有对供应商供应的产品定价的权力时，其最优决策是通过价格设置使得各个供应商的生产量相等，即实现供应商之间的供应协同。该文假定最终产品的价格为1 \$，证明了在一个由多个供应商和单制造商组成的装配系统中，制造商采用收益共享契约时的最优决策为$\frac{c_1}{\alpha_1}=\frac{c_2}{\alpha_2}=\cdots=\frac{c_n}{\alpha_n}=\bar{F}(Q)$，其中$c_1$、$c_2\cdots c_n$分别表示$n$个供应商的生产成本，$\alpha_1$、$\alpha_2\cdots\alpha_n$分别表示制造商决定的各个供应商的收入共享比例，$Q$为各个供应商的最优生产批量。由于该文假定最终产品的价格为1 \$，各个供应商的收入共享比例$\alpha_1$、$\alpha_2\cdots\alpha_n$实际上相当于各个供应商的批发价。

假设 $x_2$ 为供应商 2 显示的生产成本，$x_2 \in [\underline{c_2}, \overline{c_2}]$，则参考上述结论，成本信息不对称条件下，制造商考虑各个供应商之间供应协同时的最优决策应满足：

$$\frac{c_1}{w_1(x_2)} = \frac{x_2}{w_2(x_2)} = \bar{F}(Q(x_2)) \tag{3-1}$$

其中，$Q(x_2)$ 表示两个供应商的最优生产批量，由式(3-1)可知 $Q_1(x_2) = Q_2(x_2) = Q(x_2)$。

供应商和制造商的利润函数分别如下所示：

供应商 2 的利润函数：$\Pi_2(x_2, c_2) = E[w_2(x_2)\min(Q(x_2), D) - c_2 Q(x_2)]$

供应商 1 的利润函数：$\Pi_1(x_2) = E[w_1(x_2)\min(Q(x_2), D) - c_1 Q(x_2)]$

制造商的利润函数：

$$\Pi_m(x_2) = E\{[p - w_1(x_2) - w_2(x_2)]\min(Q(x_2), D) - c_0 Q(x_2)\}$$

制造商在设计价格机制时，需要考虑以下约束条件：

$$\Pi_2(x_2, c_2) \leqslant \Pi_2(c_2, c_2) \tag{3-2}$$

$$\Pi_m(c_2) \geqslant \Pi_m^- \tag{3-3}$$

$$\Pi_2(c_2, c_2) \geqslant \Pi_2^- \tag{3-4}$$

$$\Pi_1(c_2) \geqslant \Pi_1^- \tag{3-5}$$

式(3-2)代表激励相容约束(Incentive-Compatibility Constraint, IC)，该约束条件可以保证供应商 2 真实的报告其私有信息 $c_2$，式(3-2)至式(3-5)组成个人理性约束(Individual Rationality Constraint, IR)，这些条件约束可以保证制造商、供应商 2 和供应商 1 的参与。

由式(3-2)可得$\left.\frac{\partial \Pi_2(x_2, c_2)}{\partial x_2}\right|_{x_2=c_2} = 0$，将 $\Pi_2(x_2, c_2)$ 对 $x_2$ 求偏导可得：

$$\left.\frac{\partial \Pi_2(x_2, c_2)}{\partial x_2}\right|_{x_2=c_2} = \frac{\mathrm{d}w_2(x_2)}{\mathrm{d}x_2}\left[Q(x_2) - \int_0^{Q(x_2)} F(y)\mathrm{d}y\right] + w_2(x_2)\bar{F}(Q(x_2))\frac{\mathrm{d}Q(x_2)}{\mathrm{d}x_2} - c_2\frac{\mathrm{d}Q(x_2)}{\mathrm{d}x_2}$$

将式(3-1)代入上式中可得：

$$\left.\frac{\partial \Pi_2(x_2, c_2)}{\partial x_2}\right|_{x_2=c_2} = \frac{\mathrm{d}w_2(x_2)}{\mathrm{d}x_2}\left[Q(x_2) - \int_0^{Q(x_2)} F(y)\mathrm{d}y\right] = 0 \tag{3-6}$$

由于 $Q(x_2) > \int_0^{Q(x_2)} F(y)\mathrm{d}y$，则由式(3-6)可得$\frac{\mathrm{d}w_2(x_2)}{\mathrm{d}x_2} = 0$，即 $w_2$ 为一固定常数，因此制造商只采用批发价契约时无法揭示供应商 2 的真实成本。

## 第四节　制造商对两个供应商分别采用批发价契约和价格补贴契约

第三节中制造商只采用批发价契约无法揭示供应商 2 的真实成本，此节在上一节的基础上考虑通过对供应商 2 提供补贴的方式来揭示其真实成本，该情况下的决策顺序为：(1) 制造商给供应商 2 提供一组价格补贴契约菜单 $\{w_2(c_2), s_2(c_2)\}$ 供其选择；(2) 供应商 2 从中选择一项契约后将其反馈给制造商，并决定最优产量 $Q_2(c_2)$；(3) 制造商根据供应商 2 的选择决定供应商 1 的价格 $w_1(c_2)$，并将其告知供应商 1，供应商 1 决定最优产量 $Q_1(c_2)$；(4) 供应商 1 和 2 按照各自的决策进行生产，并在需求实现前将生产的零部件送达制造商处。

假设 $x_2$ 为供应商 2 显示的生产成本，$x_2 \in [\underline{c_2}, \overline{c_2}]$，则参考 Gerchak 和 Wang (2004) 中的结论，制造商为了揭示供应商 2 的真实生产成本同时实现供应商之间的供应协同，其最优决策应满足：

$$\frac{c_1}{w_1(x_2)} = \frac{x_2 - s_2(x_2)}{w_2(x_2) - s_2(x_2)} = \bar{F}(Q(x_2)) \tag{3-7}$$

其中，$Q(x_2)$ 表示两个供应商的最优生产批量，式(3-7) 中的第 2 个等式是制造商为供应商 2 提供补贴时该供应商的最优生产批量表达式，由式(3-7) 可知 $Q_1(x_2) = Q_2(x_2) = Q(x_2)$。

供应商和制造商的利润函数分别如下所示：

供应商 2 的利润函数：

$$\Pi_2(x_2, c_2) = E\{w_2(x_2)\min(Q(x_2), D) - c_2 Q(x_2) + s_2(x_2)[Q(x_2) - D]^+\}$$

供应商 1 的利润函数：

$$\Pi_1(x_2) = E[w_1(x_2)\min(Q(x_2), D) - c_1 Q(x_2)]$$

制造商的利润函数：

$$\Pi_m(x_2) = E\{[p - w_1(x_2) - w_2(x_2)]\min(Q(x_2), D) - c_0 Q(x_2) - s_2(x_2)[Q(x_2) - D]^+\}$$

与上节一样，制造商在设计价格机制时，需要考虑约束条件式(3-2) 至式(3-5)。

**引理 1**　供应商 2 的利润是关于 $c_2$ 的递减函数，令 $\Pi_2(c_2) = \Pi_2(c_2, c_2)$，其利润可以表示为 $\Pi_2(c_2) = \int_{c_2}^{\overline{U_1}} Q(y)\mathrm{d}y + \Pi_2^-$，其中 $\overline{U_1}$ 为 $c_2$ 的上界，且 $\overline{U_1} \leqslant \overline{c_2}$。

**证明**：由式(3-2) 可得：

$$\frac{\partial \Pi_2(x_2,c_2)}{\partial x_2}\bigg|_{x_2=c_2}=\frac{\mathrm{d}w_2(x_2)}{\mathrm{d}x_2}\int_0^{Q(x_2)}\bar{F}(y)\mathrm{d}y+w_2(x_2)\bar{F}(Q(x_2))\frac{\mathrm{d}Q(x_2)}{\mathrm{d}x_2}$$
$$-c_2\frac{\mathrm{d}Q(x_2)}{\mathrm{d}x_2}+\frac{\mathrm{d}s_2(x_2)}{\mathrm{d}x_2}\int_0^{Q(x_2)}(Q(x_2)-y)f(y)\mathrm{d}y+s_2(x_2)F(Q(x_2))\frac{\mathrm{d}Q(x_2)}{\mathrm{d}x_2}$$
$$=0$$

由式(3-7)可得 $w_2(x_2)\bar{F}(Q(x_2))+s_2(x_2)F(Q(x_2))-x_2=0$,因此可得:

$$\frac{\partial \Pi_2(x_2,c_2)}{\partial x_2}\bigg|_{x_2=c_2}=\frac{\mathrm{d}w_2(x_2)}{\mathrm{d}x_2}\int_0^{Q(x_2)}\bar{F}(y)\mathrm{d}y+\frac{\mathrm{d}s_2(x_2)}{\mathrm{d}x_2}\int_0^{Q(x_2)}F(y)\mathrm{d}y=0$$

由上式可得:

$$\frac{\mathrm{d}w_2(x_2)}{\mathrm{d}s_2(x_2)}=-\frac{\int_0^{Q(x_2)}F(y)\mathrm{d}y}{\int_0^{Q(x_2)}\bar{F}(y)\mathrm{d}y} \tag{3-8}$$

供应商 2 揭示真实成本 $c_2$ 时,其利润可表示为:

$$\begin{aligned}\Pi_2(c_2)&=\Pi_2(c_2,c_2)\\&=E\{w_2(c_2)\min(Q(c_2),D)-c_2Q(c_2)+s_2(c_2)[Q(c_2)-D]^+\}\end{aligned}$$

由式(3-8)可得 $\frac{\mathrm{d}\Pi_2(c_2)}{\mathrm{d}c_2}=-Q(c_2)$,可知 $\Pi_2(c_2)$ 是关于 $c_2$ 的递减函数,令 $\Pi_2(\overline{U_1})=\Pi_2^-$,可以保证约束(3-4)一定成立,因此 $\Pi_2(c_2)$ 可以表示为:

$$\Pi_2(c_2)=\int_{c_2}^{U_1}Q(y)\mathrm{d}y+\Pi_2^- \tag{3-9}$$

在上述分析中,我们只证明了式(3-9)是式(3-2)成立的必要条件,没有证明式(3-9)是式(3-2)成立的充分条件,为了得到这一结论,我们需要证明 $Q(c_2)$ 是关于 $c_2$ 的递减函数。由式(3-2)我们无法得到 $Q(c_2)$ 关于 $c_2$ 的单调性结论,因此,我们将在求出 $Q(c_2)$ 的具体表达式后,再来证明式(3-9)是式(3-2)成立的充分条件。

本节中 $c_2$ 的上界为 $\overline{U_1}$ 而不是 $\overline{c_2}$,这是信息不对称条件下契约设计文献中常用的一种阈值策略,如 Ha (2001),Corbett et al. (2004)都采用了该策略。该阈值的作用在于:当 $c_2\in[\underline{c_2},\overline{U_1}]$ 时,价格补贴契约形式可以用来揭示供应商 2 的真实成本;当 $c_2\in[\overline{U_1},\overline{c_2}]$ 时,该契约将无法揭示供应商 2 的真实成本。

制造商的机制设计问题可以表示如下:

$$\text{Problem 1}:\max_{\{w_2(c_2),s_2(c_2)\}}\int_{c_2}^{U_1}\Pi_m(c_2)h(c_2)\mathrm{d}c_2$$
$$\text{s.t.}\quad (3\text{-}3),\ (3\text{-}5),\ (3\text{-}7),\ (3\text{-}8),\ (3\text{-}9)$$

令 $Z(c_2)=\dfrac{H(c_2)}{h(c_2)}$，如果 $p-C-Z(c_2)=0$ 有解，则令其解为$\hat{c}_2$，否则令$\hat{c}_2=\overline{c_2}$。

**命题 1**　$c_2\geqslant\hat{c}_2$ 时，供应商的最优生产量等于0；$c_2<\hat{c}_2$ 时，供应商1和供应商2的最优生产批量 $Q^*(c_2)\leqslant Q_j^*(c_2)$，且 $Q^*(c_2)$ 满足：

$$p-C-Z(c_2)=pF(Q^*(c_2))+\frac{c_1f(Q^*(c_2))}{[\bar{F}(Q^*(c_2))]^2}\int_0^{Q^*(c_2)}\bar{F}(y)\mathrm{d}y \tag{3-10}$$

**证明**：由于 $w_1(c_2)$ 和 $w_2(c_2)$ 都可以表示为 $Q(c_2)$ 的函数，因此求解 $w_1(c_2)$ 和 $w_2(c_2)$ 也可以转化为求解 $Q(c_2)$ 的问题，Problem 1 中的目标函数可以转化成如下形式：

$$\int_{c_2}^{U_1}\Pi_m(Q(c_2))h(c_2)\mathrm{d}c_2=\int_{c_2}^{U_1}[\Pi_T(c_2)-\Pi_1(c_2)-\Pi_2(c_2)]h(c_2)\mathrm{d}c_2$$

$$=\int_{c_2}^{U_1}[(p-C)Q(c_2)-p\int_0^{Q(c_2)}F(y)\mathrm{d}y-\int_{c_2}^{U_1}Q(y)\mathrm{d}y-\Pi_2^- -\frac{c_1}{\bar{F}(Q(c_2))}$$

$$\int_0^{Q(c_2)}\bar{F}(y)\mathrm{d}y+c_1Q(c_2)]h(c_2)\mathrm{d}c_2$$

$$=\int_{c_2}^{U_1}\{[(p-C)Q(c_2)-p\int_0^{Q(c_2)}F(y)\mathrm{d}y-\frac{c_1}{\bar{F}(Q(c_2))}\int_0^{Q(c_2)}\bar{F}(y)\mathrm{d}y+ \tag{3-11}$$

$$c_1Q(c_2)-\Pi_2^-]h(c_2)-H(c_2)Q(c_2)\}\mathrm{d}c_2$$

$$=\int_{c_2}^{U_1}[(p-C)Q(c_2)-p\int_0^{Q(c_2)}F(y)\mathrm{d}y-\frac{c_1}{\bar{F}(Q(c_2))}\int_0^{Q(c_2)}\bar{F}(y)\mathrm{d}y+$$

$$c_1Q(c_2)-Z(c_2)Q(c_2)-\Pi_2^-]h(c_2)\mathrm{d}c_2$$

由式(3-11)可知$\dfrac{\mathrm{d}\Pi_m(Q(c_2))}{\mathrm{d}Q(c_2)}=p-C-Z(c_2)-pF(Q(c_2))-\dfrac{c_1f(Q(c_2))}{[\bar{F}(Q(c_2))]^2}\displaystyle\int_0^{Q(c_2)}\bar{F}(y)\mathrm{d}y$，通过观察可知当 $Q(c_2)=0$ 时，$\dfrac{\mathrm{d}\Pi_m(Q(c_2))}{\mathrm{d}Q(c_2)}=p-C-Z(c_2)$。由 $Q_j^*(c_2)=\bar{F}^{-1}\left(\dfrac{C}{p}\right)$可知 $p-C-pF(Q_j^*(c_2))=0$，如果$\dfrac{\mathrm{d}\Pi_m(Q(c_2))}{\mathrm{d}Q(c_2)}=0$成立，则可得 $Q(c_2)\leqslant Q_j^*(c_2)$，当 $Q(c_2)=Q_j^*(c_2)$ 时，可得 $\dfrac{\mathrm{d}\Pi_m(Q(c_2))}{\mathrm{d}Q(c_2)}=-Z(c_2)-\dfrac{c_1f(Q_j^*(c_2))}{[\bar{F}(Q_j^*(c_2))]^2}\displaystyle\int_0^{Q_j^*(c_2)}\bar{F}(y)\mathrm{d}y<0$。由于 $F(x)$ 具有 IFR 的性质，因此$\dfrac{\mathrm{d}\Pi_m(Q(c_2))}{\mathrm{d}Q(c_2)}$

是关于 $Q(c_2)$ 的递减函数。

如果 $p-C-Z(c_2)\geqslant 0$，则 $\Pi_m(Q(c_2))$ 是关于 $Q(c_2)$ 的凹函数，一定存在唯一的 $Q$ 值使得 $\Pi_m(Q(c_2))$ 最大化，令该 $Q$ 值为 $Q^*(c_2)$，则 $Q^*(c_2)$ 满足以下条件：

$$pF(Q^*(c_2))+\frac{c_1 f(Q^*(c_2))}{[\bar{F}(Q^*(c_2))]^2}\int_0^{Q^*(c_2)}\bar{F}(y)\mathrm{d}y=p-C-Z(c_2)$$

如果 $p-C-Z(c_2)<0$，则 $\Pi_m(Q(c_2))$ 是关于 $Q(c_2)$ 的递减函数，且 $Q(c_2)=0$ 时，$\Pi_m(Q(c_2))$ 取得最大值，此时 $\Pi_m(0)=0$。

由于 $Z(c_2)$ 是关于 $c_2$ 的递增函数，一定存在一个阈值 $\hat{c}_2$ 使得 $c_2>\hat{c}_2$ 时，$p-C-Z(c_2)<0$；$c_2\leqslant\hat{c}_2$ 时，$p-C-Z(c_2)\geqslant 0$。因此，命题 1 得证。

从命题 1 可知，当供应商 2 的成本 $c_2\geqslant\hat{c}_2$ 时，制造商和两个供应商之间不会产生交易行为；当供应商 2 的成本 $c_2<\hat{c}_2$ 时，需要参考式(3-3)、式(3-5)、式(3-7)、式(3-8)、式(3-9)来设计供应商 2 的价格和补贴。由 $Q^*(c_2)\leqslant Q_j^*(c_2)$ 可知，制造商采用该节中的契约时，虽然可以揭示 $c_2$ 的真实值，但是不能实现装配系统的整体协同。

当 $Q(c_2)=Q^*(c_2)$ 时，供应商 1、供应商 2 和制造商都将获得各自的最大利润，令供应商 1、供应商 2 和制造商的最大利润分别为 $\Pi_1^*(c_2)$、$\Pi_2^*(c_2)$ 和 $\Pi_m^*(c_2)$。

**引理 2**　$Q^*(c_2)$ 是关于 $c_2$ 的递减函数，$\Pi_1^*(c_2)$ 和 $\Pi_m^*(c_2)$，也是关于 $c_2$ 的递减函数。

**证明**：将式(3-10)左右两边分别对 $c_2$ 求导可得：

$$\frac{\mathrm{d}Q^*(c_2)}{\mathrm{d}c_2}\left\{pf(Q^*(c_2))+c_1\frac{f(Q^*(c_2))}{\bar{F}(Q^*(c_2))}+c_1\frac{\int_0^{Q^*(c_2)}\bar{F}(y)\mathrm{d}y[f'(Q^*(c_2))\bar{F}(Q^*(c_2))+2f^2(Q^*(c_2))]}{[\bar{F}(Q^*(c_2))]^3}\right\}$$

$$=-1-\left[\frac{H(c_2)}{h(c_2)}\right]'$$

由于 $\dfrac{f(Q^*(c_2))}{\bar{F}(Q^*(c_2))}$ 是单调递增的，因此 $\dfrac{f'(Q^*(c_2))\bar{F}(Q^*(c_2))+f^2(Q^*(c_2))}{[\bar{F}(Q^*(c_2))]^2}>0$，又由于 $\dfrac{H(c_2)}{h(c_2)}$ 也是单调递增的，因此 $\left[\dfrac{H(c_2)}{h(c_2)}\right]'>0$，则可得到 $\dfrac{\mathrm{d}Q^*(c_2)}{\mathrm{d}c_2}<0$。

由式(3-7)可得 $w_1^*(c_2)=\dfrac{c_1}{\bar{F}(Q^*(c_2))}$，则 $\Pi_1^*(c_2)=\dfrac{c_1}{\bar{F}(Q^*(c_2))}\min(Q^*(c_2),D)$

$-c_1Q^*(c_2)$，

将 $\Pi_1(c_2)$ 对 $c_2$ 求导可得 $\dfrac{\mathrm{d}\Pi_1(c_2)}{\mathrm{d}c_2}=\dfrac{c_1f(Q^*(c_2))}{[\bar{F}(Q^*(c_2))]^2}\displaystyle\int_0^{Q^*(c_2)}\bar{F}(y)\mathrm{d}y\,\dfrac{\mathrm{d}Q^*(c_2)}{\mathrm{d}c_2}<0$。

由式(3-10)和式(3-11)可得 $\dfrac{\mathrm{d}\Pi_m(Q^*(c_2))}{\mathrm{d}c_2}=-Q^*(c_2)-\dfrac{dZ(c_2)}{\mathrm{d}c_2}Q^*(c_2)<0$。因此，引理 2 得证。

现在，我们证明式(3-9)是约束(3-2)成立的充分条件，由 $\Pi_2(x_2,c_2)$ 的表达式和式(3-9)可得 $\dfrac{\partial(\Pi_2(x_2,c_2)-\Pi_2(c_2))}{\partial c_2}=Q(c_2)-Q(x_2)$。由于 $Q^*(c_2)$ 是关于 $c_2$ 的递减函数，则 $c_2<x_2$ 时，$\dfrac{\partial(\Pi_2(x_2,c_2)-\Pi_2(c_2))}{\partial c_2}>0$；$c_2>x_2$ 时，$\dfrac{\partial(\Pi_2(x_2,c_2)-\Pi_2(c_2))}{\partial c_2}<0$，则 $c_2=x_2$ 时，$\Pi_2(x_2,c_2)-\Pi_2(c_2)$ 取得最大值为 0，则 $\Pi_2(x_2,c_2)\leqslant\Pi_2(c_2)$。

由引理 2 可知，即使供应商 1 不拥有私有信息，其利润依然会受到供应商 2 成本 $c_2$ 的影响，这主要是因为制造商通过式(3-7)来设计供应商的价格机制，使得两个供应商之间达成了供应协同关系，$c_2$ 的增加会导致供应商 1 的生产批量减小和价格降低，从而利润也会降低。

**命题 2**　$\overline{U_1}=\min(\overline{c_2},\hat{c}_2,c_\alpha,c_\beta,c_\gamma)$，$c_\alpha$、$c_\beta$ 和 $c_\gamma$ 满足 $\Pi_1^*(c_\alpha)=\Pi_1^-$，$\Pi_2^*(c_\beta)=\Pi_2^-$，$(p-c_0-c_\gamma-Z(c_\gamma))Q^*(c_\gamma)-p\displaystyle\int_0^{Q^*(c_\gamma)}F(y)\mathrm{d}y-\dfrac{c_1}{\bar{F}(Q^*(c_\gamma))}\int_0^{Q^*(c_\gamma)}\bar{F}(y)\mathrm{d}y=\Pi_m^-+\Pi_2^-$，当 $c_2\in[\underline{c_2},\overline{U_1}]$ 时，制造商提供给供应商 1 的批发价 $w_1^*(c_2)$ 和供应商 2 的最优价格契约菜单 $\{w_2^*(c_2),s_2^*(c_2)\}$ 的形式如下：$w_1^*(c_2)=\dfrac{c_1}{\bar{F}(Q^*(c_2))}$，$w_2^*(c_2)=\dfrac{c_2-F(Q^*(c_2))s_2^*(c_2)}{\bar{F}(Q^*(c_2))}$，$s_2^*(c_2)=\dfrac{-\displaystyle\int_{\underline{Q}}^{Q^*(c_2)}\mathrm{e}^{\int_{\underline{Q}}^{y}A(\tau)\mathrm{d}\tau}B(y)\mathrm{d}y+\beta}{\mathrm{e}^{\int_{\underline{Q}}^{Q^*(c_2)}A(y)\mathrm{d}y}}$。其中 $A(y)=\dfrac{f(y)}{\bar{F}(y)[F(y)+\bar{F}(y)g(y)]}$，$B(y)=-\dfrac{\mathrm{d}c_2}{\mathrm{d}Q^*(c_2)}\dfrac{1}{F(y)+\bar{F}(y)g(y)}-c_2A(y)$，$g(y)=-\dfrac{\int_0^yF(\tau)\mathrm{d}\tau}{\int_0^y\bar{F}(\tau)\mathrm{d}\tau}$，$\beta$ 可取任意值，$\underline{Q}=Q^*(\overline{U_1})$；当 $c_2>\overline{U_1}$ 时，制造商与供应商之间不会

产生交易行为。

证明：由式(3-7)可得：

$$s_2^*(c_2)=\frac{c_2-\bar{F}(Q^*(c_2))w_2^*(c_2)}{F(Q^*(c_2))} \tag{3-12}$$

由于从式(3-10)中无法得到$Q^*(c_2)$关于$c_2$的具体表达式，但是$Q^*(c_2)$和$c_2$之间存在着一一对应的关系，因此可以将对$c_2$的运算转换成对$Q^*(c_2)$的运算，由式(3-8)可得$\frac{\mathrm{d}w_2^*(c_2)}{\mathrm{d}Q^*(c_2)}\Big/\frac{\mathrm{d}s_2^*(c_2)}{\mathrm{d}Q^*(c_2)}=-\frac{\int_0^{Q^*(c_2)}F(y)\mathrm{d}y}{\int_0^{Q^*(c_2)}\bar{F}(y)\mathrm{d}y}$，令$-\frac{\int_0^{Q^*(c_2)}F(y)\mathrm{d}y}{\int_0^{Q^*(c_2)}\bar{F}(y)\mathrm{d}y}=g(Q^*(c_2))$，则可得：

$$\frac{\mathrm{d}w_2^*(c_2)}{\mathrm{d}Q^*(c_2)}\Big/\frac{\mathrm{d}s_2^*(c_2)}{\mathrm{d}Q^*(c_2)}=g(Q^*(c_2)) \tag{3-13}$$

将式(3-12)左右两边对$Q^*(c_2)$求导并结合式(3-13)可得：

$$\frac{\mathrm{d}s_2^*(c_2)}{\mathrm{d}Q^*(c_2)}+A(Q^*(c_2))s_2^*(c_2)+B(Q^*(c_2))=0 \tag{3-14}$$

其中，$A(Q^*(c_2))=\frac{f(Q^*(c_2))}{\bar{F}(Q^*(c_2))[F(Q^*(c_2))+\bar{F}(Q^*(c_2))g(Q^*(c_2))]}$

$$B(Q^*(c_2))=-\frac{\mathrm{d}c_2}{\mathrm{d}Q^*(c_2)}\frac{1}{F(Q^*(c_2))+\bar{F}(Q^*(c_2))g(Q^*(c_2))}-c_2A(Q^*(c_2))$$

求解常微分方程(3-14)可得$s_2^*(c_2)=\frac{-\int_{\underline{Q}}^{Q^*(c_2)}e^{\int_{\underline{Q}}^{y}A(\tau)\mathrm{d}\tau}B(y)\mathrm{d}y+\beta}{e^{\int_{\underline{Q}}^{Q^*(c_2)}A(y)\mathrm{d}y}}$，其中$\underline{Q}$表示$Q^*(c_2)$的最小值，由引理2可知$Q^*(c_2)$是关于$c_2$的递减函数，因此$\underline{Q}=Q^*(\overline{U_1})$。其中$\beta$的作用在于保证$s_2^*(c_2)\geqslant 0$，可取满足这一条件的任意值。将$s_2^*(c_2)$代入式(7)中可得$w_2^*(c_2)=\frac{c_2-F(Q^*(c_2))s_2^*(c_2)}{\bar{F}(Q^*(c_2))}$。因此，命题2得证。

由引理1和引理2可知$\Pi_1^*(c_2)$，$\Pi_2^*(c_2)$和$\Pi_m^*(c_2)$都是关于$c_2$的递减函数，我们可利用这些性质来计算$\overline{U_1}$的值，在此之前，需要确定一个$\beta$的值，可通过如下方法来同时确定$\overline{U_1}$和$\beta$的值。

步骤1，令$\overline{U_1}=\min(\overline{c_2},\hat{c}_2,c_\alpha,c_\gamma)$，由引理1可知$\Pi_2^*(c_2)$是关于$c_2$的递减函数，

因此当 $\Pi_2^*(\overline{U_1}) = \Pi_2^-$ 时可保证约束条件(3-4)满足,同时可得到一个相应的 $\beta$ 值。

步骤 2, 将该 $\beta$ 值代入到 $s_2^*(c_2)$ 表达式中得到$[\underline{c_2}, \overline{U_1}]$ 区间内的每个 $c_2$ 对应的 $s_2^*(c_2)$ 值,如果所有 $s_2^*(c_2) \geqslant 0$ 均成立,则该 $\beta$ 值满足要求且 $\overline{U_1} = \min(\overline{c_2}, \hat{c}_2, c_\alpha, c_\gamma)$;如果存在某些 $s_2^*(c_2) < 0$,则转入步骤 3。

步骤3, 逐步减小 $\beta$ 的值,同时令 $\Pi_2^*(c_\beta) = \Pi_2^-$ 和 $\underline{Q} = Q^*(c_\beta)$ 来更新 $c_\beta$,直到$[\underline{c_2}, c_\beta]$ 区间内的每个 $c_2$ 对应的 $s_2^*(c_2) \geqslant 0$ 均成立,则 $\overline{U_1} = c_\beta$。

## 第五节　制造商对两个供应商都采用价格补贴契约

上节中只考虑通过给供应商 2 提供补贴来揭示其真实成本,无法实现装配系统的整体协同,这将导致系统的总利润小于集中决策时的系统总利润。该节考虑通过给两个供应商都提供补贴来揭示供应商 2 的真实成本,同时实现装配系统的整体协同,使得分散决策下的系统总利润最大化。

该情况下的决策顺序为:(1) 制造商根据自己的估计给供应商 2 提供一组价格补贴契约菜单$\{w_2(c_2), s_2(c_2)\}$供其选择;(2) 供应商 2 从中选择一项契约并将其反馈给制造商,并决定最优产量 $Q_2(c_2)$;(3) 制造商根据供应商 2 选择的组合决定供应商 1 的价格补贴契约$\{w_1(c_2), s_1(c_2)\}$,并将其告知供应商 1,供应商 1 决定最优产量 $Q_1(c_2)$;(4) 供应商 1 和 2 按照各自的决策进行生产,并在需求实现前将生产的零部件送达制造商处。

Gerchak 和 Wang (2004) 认为制造商可以通过给供应商提供补贴的方式实现系统的整体协同,其最优决策满足条件 $\frac{c_1 - s_1}{\alpha_1 - s_1} = \frac{c_2 - s_2}{\alpha_2 - s_2} = \cdots = \frac{c_n - s_n}{\alpha_n - s_n} = \bar{F}(Q) = \sum_{i=0}^{n} c_n$,其中 $s_1$、$s_2 \cdots s_n$ 分别表示制造商给予 $n$ 个供应商的补贴,集中决策时的最优生产批量 $Q = \bar{F}^{-1}(\sum_{i=0}^{n} c_n)$,其余的参数同第三节一致。该结论表示制造商通过设定每个供应商的收入共享比例和补贴,使得每个供应商的最优生产批量均与集中决策时的最优生产批量相等来实现装配系统的整体协同。

从第二节的分析中可知,集中决策时系统的最优生产量为 $Q_j^*(c_2) = \bar{F}^{-1}\left(\frac{C}{p}\right)$。假设 $x_2$ 为供应商 2 显示的生产成本,$x_2 \in [\underline{c_2}, \overline{c_2}]$,则在信息不对称条件下,制造商想要实现系统整体协同,必须使得供应商的最优生产量 $Q(x_2)$ 满足条件 $\bar{F}(Q(x_2)) = \frac{c_0 + c_1 + x_2}{p}$,而供应商 1 和供应商 2 的最优生产量 $Q_1(x_2)$、$Q_2(x_2)$ 分别满足条件

$\bar{F}(Q_1(x_2))=\dfrac{c_1-s_1(x_2)}{w_1(x_2)-s_1(x_2)}$ 和 $\bar{F}(Q_2(x_2))=\dfrac{c_2-s_2(x_2)}{w_2(x_2)-s_2(x_2)}$。参考 Gerchak 和 Wang (2004) 中的结论，制造商为了实现系统整体协同，需要设计契约 $\{w_1(c_2),s_1(c_2)\}$ 和 $\{w_2(c_2),s_2(c_2)\}$ 使得其满足以下等式：

$$\frac{c_1-s_1(x_2)}{w_1(x_2)-s_1(x_2)}=\frac{x_2-s_2(x_2)}{w_2(x_2)-s_2(x_2)}=\frac{c_0+c_1+x_2}{p}=\bar{F}(Q(x_2)) \tag{3-15}$$

**命题 3** 令 $c_2^0$ 满足 $(p-C)Q(c_2^0)-p\int_0^{Q(c_2^0)}F(y)\,\mathrm{d}y=\Pi_1^-+\Pi_2^-+\Pi_m^-$，则只有当供应商 2 的成本 $c_2\leqslant c_2^0$ 时，装配系统的总利润 $\Pi_j(c_2)\geqslant\Pi_1^-+\Pi_2^-+\Pi_m^-$。

证明：$\dfrac{\mathrm{d}\Pi_j(c_2)}{\mathrm{d}c_2}=-Q(c_2)+[p\bar{F}(Q(c_2))-C]\dfrac{\mathrm{d}Q(c_2)}{\mathrm{d}c_2}=-Q(c_2)<0$，因此 $\Pi_j(c_2)$ 是关于 $c_2$ 的递减函数。当 $c_2=c_2^0$ 时，$\Pi_j(c_2)=\Pi_1^-+\Pi_2^-+\Pi_m^-$，因此命题 3 得证。

从命题 3 中可以看出，供应商 2 的成本 $c_2>c_2^0$ 时，制造商将不会再从两个供应商处采购零部件，即 $Q(c_2)=0$。

供应商和制造商的利润函数分别如下所示：

供应商 2 的利润函数：

$\Pi_2(x_2,c_2)=E\{w_2(x_2)\min(Q(x_2),D)-c_2Q(x_2)+s_2(x_2)[Q(x_2)-D]^+\}$

供应商 1 的利润函数：

$\Pi_1(x_2)=E\{w_1(x_2)\min(Q(x_2),D)-c_1Q(x_2)+s_1(x_2)[Q(x_2)-D]^+\}$

制造商的利润函数：

$\Pi_m(x_2)=E\{[p-w_1(x_2)-w_2(x_2)]\min(Q(x_2),D)-c_0Q(x_2)-[s_1(x_2)+s_2(x_2)][Q(x_2)-D]^+\}$

制造商在设计供应商 2 的价格和补贴时，同样需要考虑 IC 约束和 IR 约束，约束条件依然可用式(3-2) - (3-5) 表示。

同上节一样，在本节中我们也会对 $c_2$ 采用阈值策略，令 $\overline{U_2}$ 为 $c_2$ 的上界，$\underline{L_2}$ 为 $c_2$ 的下界，其中 $\underline{L_2}\in[\underline{c_2},\overline{U_2}]$，其作用在于保证 $s_2(c_2)\geqslant 0$。

**引理 3** 制造商为供应商 2 设计的价格补贴契约菜单 $\{w_2^{**}(c_2),s_2^{**}(c_2)\}$ 的形式如下：

$$w_2^{**}(c_2)=p-(c_0+c_1)+(w_2^{**}(\underline{L_2})+(c_0+c_1)-p)\mathrm{e}^{L(c_2)} \tag{3-16}$$

$$L(c_2)=\int_{L_2}^{c_2}\frac{p\int_0^{Q(c')}F(y)\,\mathrm{d}y}{(c'+(c_0+c_1)-p)^2Q(c')+p(c'+(c_0+c_1)-p)\int_0^{Q(c')}F(y)\,\mathrm{d}y}\mathrm{d}c' \tag{3-17}$$

$$s_2^{**}(c_2)=\frac{pc_2-w_2^{**}(c_2)C}{p-C} \tag{3-18}$$

**证明**：供应商 2 的利润函数与第四节中供应商 2 的利润函数一致，因此，可得：

$$\left.\frac{\partial \Pi_2(x_2,c_2)}{\partial x_2}\right|_{x_2=c_2}=\frac{\mathrm{d}w_2(x_2)}{\mathrm{d}x_2}\int_0^{Q(x_2)}\bar{F}(y)\mathrm{d}y+\frac{\mathrm{d}s_2(x_2)}{\mathrm{d}x_2}\int_0^{Q(x_2)}F(y)\mathrm{d}y=0$$

由式(3-15) 可得 $s_2(x_2)=\dfrac{px_2-w_2(x_2)(c_0+c_1+x_2)}{p-(c_0+c_1+x_2)}$，将该式对 $x_2$ 求导可得：

$$\frac{\mathrm{d}s_2(x_2)}{\mathrm{d}x_2}=\frac{p[p-w_2(x_2)-(c_0+c_1)]}{[p-(c_0+c_1+x_2)]^2}-\frac{c_0+c_1+x_2}{p-(c_0+c_1+x_2)}\frac{\mathrm{d}w_2(x_2)}{\mathrm{d}x_2}$$

因此，可得：

$$\left.\frac{\partial \Pi_2(x_2,c_2)}{\partial x_2}\right|_{x_2=c_2}=\frac{\mathrm{d}w_2(x_2)}{\mathrm{d}x_2}\left[Q(x_2)-\int_0^{Q(x_2)}F(y)\mathrm{d}y\right]+\frac{\mathrm{d}s_2(x_2)}{\mathrm{d}x_2}\int_0^{Q(x_2)}F(y)\mathrm{d}y$$

$$=\frac{\mathrm{d}w_2(x_2)}{\mathrm{d}x_2}\left[Q(x_2)+\frac{p}{(c_0+c_1+x_2)-p}\int_0^{Q(x_2)}F(y)\mathrm{d}y\right]-$$

$$\frac{p[w_2(x_2)+(c_0+c_1)-p]}{(p-(c_0+c_1+x_2))^2}\int_0^{Q(x_2)}F(y)\mathrm{d}y$$

$$=0$$

因此：

$$\frac{\mathrm{d}w_2(x_2)}{\mathrm{d}x_2}=\frac{p[w_2(x_2)+(c_0+c_1)-p]\int_0^{Q(x_2)}F(y)\mathrm{d}y}{(p-(c_0+c_1+x_2))^2Q(x_2)+p((c_0+c_1+x_2)-p)\int_0^{Q(x_2)}F(y)\mathrm{d}y} \tag{3-19}$$

下面我们证明式(3-19) 是式(3-2) 成立的充分条件。由式(3-19) 我们可得 $\dfrac{\mathrm{d}\Pi_2(c_2)}{\mathrm{d}c_2}=-Q(c_2)$，同第四节一样，供应商 2 的利润为 $\Pi_2(c_2)=\int_{c_2}^{U_2}Q(y)\mathrm{d}y+\Pi_2^-$，则 $\dfrac{\partial(\Pi_2(x_2,c_2)-\Pi_2(c_2))}{\partial c_2}=Q(c_2)-Q(x_2)$。由式(3-15) 可知 $Q'(x_2)<0$，则 $c_2<x_2$ 时，$\dfrac{\partial(\Pi_2(x_2,c_2)-\Pi_2(c_2))}{\partial c_2}>0$；$c_2>x_2$ 时，$\dfrac{\partial(\Pi_2(x_2,c_2)-\Pi_2(c_2))}{\partial c_2}<0$，则 $c_2=x_2$ 时，$\Pi_2(x_2,c_2)-\Pi_2(c_2)$ 取得最大值为 0，则 $\Pi_2(x_2,c_2)\leqslant\Pi_2(c_2)$。

求解该常微分方程(3-19) 可得到式(3-16) 和式(3-17)，将 $w_2^{**}(c_2)$ 代入到式(3-15) 中可以得到式(3-18)。因此，引理 3 得证。

**引理 4**　$w_2^{**}(c_2)$ 是关于 $c_2$ 的递减函数，$s_2^{**}(c_2)$ 是关于 $c_2$ 的递增函数，令

$\Pi_2^{**}(c_2)$ 表示供应商 2 的最大利润，则 $\Pi_2^{**}(c_2)$ 也是关于 $c_2$ 的递减函数。

**证明**：由于 $(p-C)^2Q(c_2)+p(C-p)\int_0^{Q(c_2)}F(y)\mathrm{d}y=(p-C)\Pi_j(c_2)>0$ 且 $w_2^{**}(c_2)+(c_0+c_1)-p<0$，因此 $\frac{\mathrm{d}w_2^{**}(c_2)}{\mathrm{d}c_2}<0$，所以 $w_2^{**}(c_2)$ 是关于 $c_2$ 的递减函数。由于 $s_2^{**}(c_2)=\frac{pc_2-Cw_2^{**}(c_2)}{p-C}$，因此：

$$\frac{\mathrm{d}s_2^{**}(c_2)}{\mathrm{d}c_2}=\frac{p[p-w_2^{**}(c_2)-(c_0+c_1)]-(p-C)C\frac{\mathrm{d}w_2^{**}(c_2)}{\mathrm{d}c_2}}{(p-C)^2},$$

分子中 $(p-C)\frac{\mathrm{d}w_2^{**}(c_2)}{\mathrm{d}c_2}<0,p-w_2^{**}(c_2)-(c_0+c_1)>0$，因此 $\frac{\mathrm{d}s_2^{**}(c_2)}{\mathrm{d}c_2}>0$。

实现系统的整体协同后，供应商 2 的利润可以表示为：

$\Pi_2(c_2)=\frac{w_2(c_2)-c_2}{p-C}\Pi_j(c_2)$，令 $M(c_2)=\frac{w_2^{**}(c_2)-c_2}{p-C}$，则 $\frac{\mathrm{d}M(c_2)}{\mathrm{d}c_2}=\frac{\frac{\mathrm{d}w_2^{**}(c_2)}{\mathrm{d}c_2}}{p-C}+\frac{c_0+c_1+w_2^{**}(c_2)-p}{(p-C)^2}<0$，由命题 3 可知 $\Pi_j(c_2)$ 是关于 $c_2$ 的递减函数，因此 $\Pi_2^{**}(c_2)$ 是关于 $c_2$ 的递减函数。因此，引理 4 得证。

从引理 4 中可以看出，考虑装配系统整体协同后供应商 2 的价格反而会随着其生产成本的增加而减小，这主要是由于制造商给予了供应商 2 一定的补贴，而且补贴值会随着其生产成本的增加而增加，从而可以一定程度上弥补供应商 2 价格降低带来的利润损失。

制造商的机制设计问题可以表示为：

$$\text{Problem 2}:\max_{\{w_2(c_2),s_2(c_2)\}}\int_{L_2}^{U_2}\Pi_m(c_2)h(c_2)\mathrm{d}c_2$$

$$\text{s.t.}(3\text{-}3)\ (3\text{-}4)\ (3\text{-}5)\ (3\text{-}12)\ (3\text{-}13)$$

**命题 4**　当 $c_2<\underline{L_2}$ 时，制造商将不会考虑实现装配系统的整体协同；当 $c_2>\overline{U_2}$ 时，制造商和供应商之间不会产生交易行为；当 $\underline{L_2}\leqslant c_2\leqslant\overline{U_2}$ 时，制造商为供应商 1 和供应商 2 设计的价格补贴契约 $\{w_1^{**}(c_2),s_1^{**}(c_2)\}$、$\{w_2^{**}(c_2),s_2^{**}(c_2)\}$ 的形式如下：

$$w_1^{**}(c_2)=\frac{\Pi_1^-}{\Pi_j(c_2)}(p-C)+c_1,s_1^{**}(c_2)$$

$$=\frac{pc_1-w_1^{**}(c_2)C}{p-C},s_2^{**}(c_2)=\frac{pc_2-w_2^{**}(c_2)C}{p-C},$$

$$w_2^{**}(c_2)=p-(c_0+c_1)+[(1-\frac{\Pi_2^-}{\Pi_j(\overline{U_2})})(c_0+c_1+\overline{U_2}-p)]e^{L(c_2)-L(U_2)}。$$

**证明**:供应商2作出选择后,供应商1的价格和补贴可以根据式(3-15)给出,但是$\{w_1(c_2),s_1(c_2)\}$存在多组最优解,制造商可以在保证供应商1的利润不低于$\Pi_1^-$的前提下,从这些解中任意选择一组解作为供应商1的价格和补贴。在装配系统实现完全协同时,系统的总利润是固定的,制造商为了获得最大利润,会通过设定供应商1的价格参数使得供应商1只能得到其保留利润$\Pi_1^-$。系统达到整体协同时,供应商1的利润可以表示为$\frac{w_1(c_2)-c_1}{p-C}\Pi_j(c_2)$,由$\frac{w_1(c_2)-c_1}{p-C}\Pi_j(c_2)=\Pi_1^-$可得供应商1的最优批发价和补贴满足:

$$w_1^{**}(c_2)=\frac{\Pi_1^-}{\Pi_j(c_2)}(p-C)+c_1,s_1^{**}(c_2)=\frac{pc_1-w_1^{**}(c_2)C}{p-C}。$$

由引理4可知$\Pi_2^{**}(c_2)$是关于$c_2$的递减函数,系统达到整体协同时,供应商2的利润可以表示为$\frac{w_2(c_2)-c_2}{p-C}\Pi_j(c_2)$,因此由式(3-4)可得$\frac{w_2(\overline{U_2})-\overline{U_2}}{p-(c_0+c_1+\overline{U_2})}=\frac{\Pi_2^-}{\Pi_j(\overline{U_2})}$。该式通过变形可得:

$$w_2(\overline{U_2})=(1-\frac{\Pi_2^-}{\Pi_j(\overline{U_2})})\overline{U_2}+\frac{\Pi_2^-}{\Pi_j(\overline{U_2})}(p-c_0-c_1) \tag{3-20}$$

结合式(3-16)、式(3-17)和式(3-20)可得:

$$w_2^{**}(c_2)=p-(c_0+c_1)+[(1-\frac{\Pi_2^-}{\Pi_j(\overline{U_2})})(c_0+c_1+\overline{U_2}-p)]e^{L(c_2)-L(U_2)}$$

因此,命题4得证。

由引理4可知$s_2^{**}(c_2)$是关于$c_2$的递增函数,因此可通过令$s_2^{**}(\underline{L_2})=0$来求出$c_2$的下界$\underline{L_2}$。由$s_2^{**}(\underline{L_2})=0$可得$p\underline{L_2}-w_2^{**}(\underline{L_2})C=0$,通过该式可以得到$\underline{L_2}$关于$\overline{U_2}$的函数。

系统实现整体协同后,制造商的利润可以表示为$\frac{p-w_1(c_2)-w_2(c_2)-c_0}{p-C}\Pi_j(c_2)$,根据命题4可知制造商的机制设计问题可以表示为:

$$\max_{U_2}E(\Pi_m(\overline{U_2}))$$

$$= -\Pi_1^- - \left(1 - \frac{\Pi_2^-}{\Pi_j(\overline{U_2})}\right)(c_0 + c_1 + \overline{U_2} - p)\int_{L_2}^{U_2} \frac{e^{L(c_2)-L(U_2)}\Pi_j(c_2)}{p - (c_0 + c_1 + c_2)} h(c_2)\mathrm{d}c_2$$

从 $E(\Pi_m(\overline{U_2}))$ 的表达式中不能确定其关于$\overline{U_2}$ 的凹凸性，但是由于 $E(\Pi_m(\overline{U_2}))$ 是关于$\overline{U_2}$ 的一元函数，可以通过线性搜索的方式得到最优的$\overline{U_2}$(Shen 和 Willems, 2012 )，令其为$\overline{U_2}^{**}$，则$\overline{U_2} = \min(c_2^0, \overline{c_2}, \overline{U_2}^{**})$。

## 第六节 数值试验

假设供应商 1 的生产成本 $c_1 = 10$，保留利润 $\Pi_1^- = 400$。制造商的生产成本 $c_0 = 40$，保留利润 $\Pi_m^- = 1000$。供应商 2 的保留利润 $\Pi_2^- = 600$，最终产品的价格 $p = 250$。与 Chakravarty 和 Zhang (2007)一样，本章假设供应商的私有成本和最终产品需求都满足均匀分布，其中供应商 2 的生产成本 $c_2$满足[20,40]上的均匀分布，最终产品的市场需求 $D$ 满足[20,60]上的均匀分布。通过计算可知 $\overline{U_1} = 26.2$，$\overline{U_2} = 40$，$\underline{L_2} = 20$。本节将对第四节和第五节中提出的两种契约组合进行对比分析，为了便于后面的描述，我们用 NOC 来表示第四节中提出的契约组合，用 COC 来表示第五节中提出的契约组合。

图 3-1 反映了供应商的生产量受 $c_2$变化的影响，其中 $NQ$ 和 $CQ$ 分别表示 NOC 和 COC 两种契约组合下供应商的生产量。从图 3-1 中可以看出，当 $c_2$增加时，两种契约组合下供应商的生产量均减小，而且在 $[\underline{c_2}, \overline{U_1}]$ 区间内，COC 契约下的供应商生产量始终大于 NOC 契约下的供应商生产量。另外从图 3-1 中还可以看出装配系统实现整体协同后，可揭示的成本区间会变大。

图 3-2 反映了供应商的价格和补贴受 $c_2$变化的影响，其中 $Nw_1$、$Nw_2$和 $Ns_2$分别表示 NOC 契约所得到的供应商 1、供应商 2 的价格和供应商 2 的补贴；$Cw_1$、$Cw_2$、$Cs_1$、$Cs_2$分别表示 COC 契约所得到的供应商 1、供应商 2 的价格和补贴。从图 3-2 中可以看出，采用 NOC 契约时，当 $c_2$增加时，供应商 1 的价格和供应商 2 的价格都降低，但是供应商 2 的补贴却升高。采用 COC 契约时，当 $c_2$增加时，供应商 1 的价格几乎不变，供应商 2 的价格降低，而供应商 1 和供应商 2 的补贴均升高。其原因在于：为了实现装配系统的整体协同，$c_2$增加时，制造商通过降低供应商 2 的价格的方式来提高装配系统的总利润，但是为了防止供应商 2 由于利益受损退出此次交易，制造商可以采取提高其补贴的方式来弥补供应商 2 利润的损失。对于供应商 1 而言，$c_2$的增加对其价格影响较小，但是会导致其生产量减小，进而降低其利润，制造商会采取提高其补贴的方式来保证供应商 1 能够获得其保留利润。

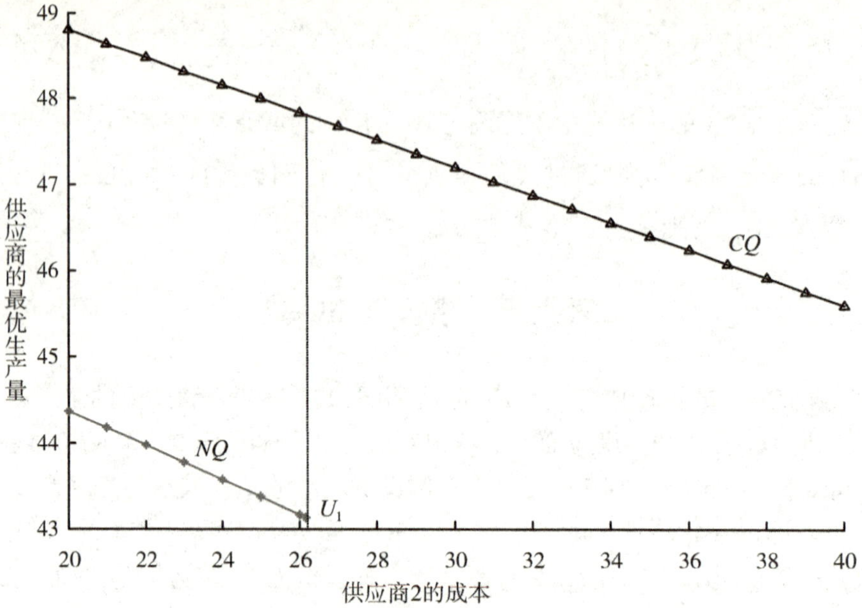


图 3-1　供应商的最优生产量

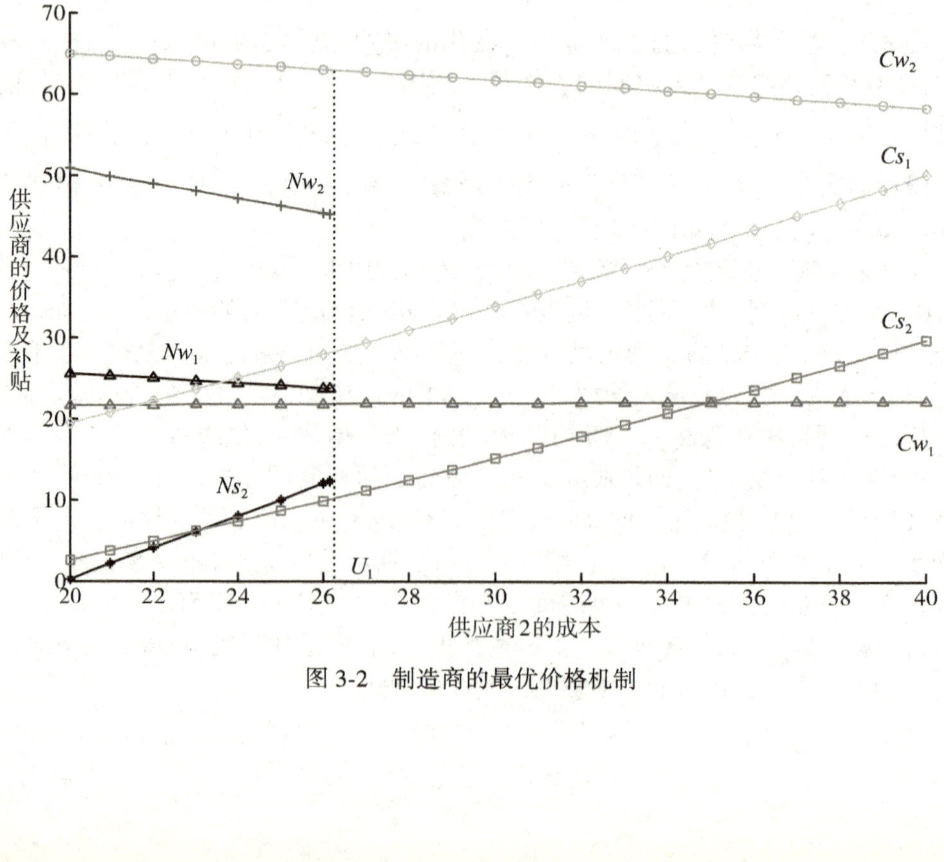


图 3-2　制造商的最优价格机制

图 3-3 反映了系统总利润受 $c_2$ 变化的影响，其中 *NTprofit* 和 *CTprofit* 分别表示 NOC 和 COC 两种契约组合下的系统总利润。从图 3-3 中可以看出，当 $c_2$ 增加时，两种契约组合下的系统总利润均减少，这是因为随着 $c_2$ 的增加，供应商的生产量减小，而且 $c_2$ 的增加会导致系统总成本的增加。在 $[\underline{c_2}, \overline{U_1}]$ 区间内，COC 契约下的系统总利润始终大于 NOC 契约下的系统总利润。这说明装配系统的整体协同不仅可以扩大揭示成本的范围，还会带来系统总利润的增加。

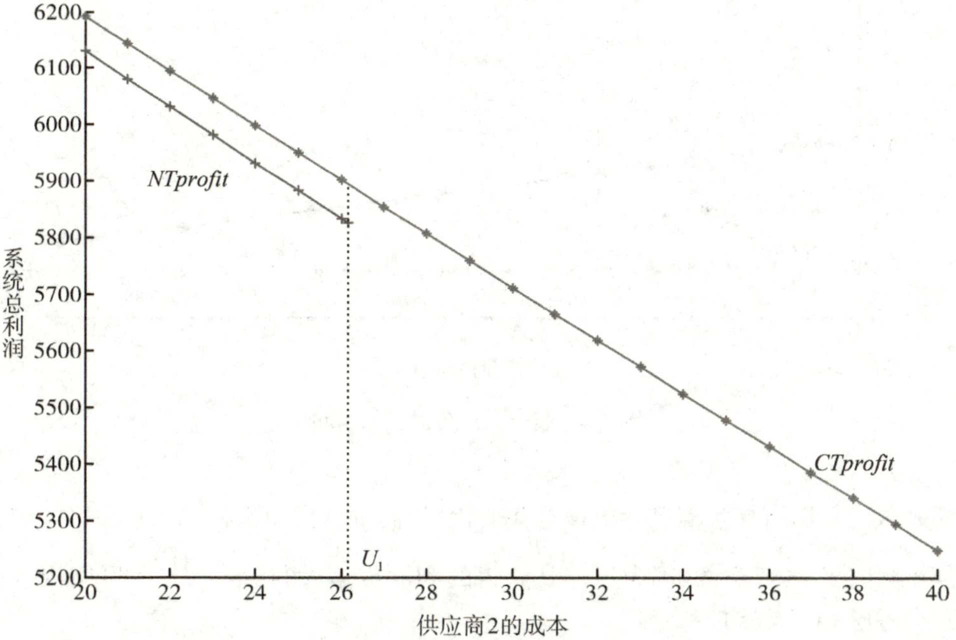


图 3-3 装配系统的总利润

图 3-4 反映了装配系统各成员利润受 $c_2$ 变化的影响，其中 *Nsprofit*1、*Nsprofit*2 和 *Nmprofit* 分别表示 NOC 契约所得到的供应商 1、供应商 2 和制造商的利润；*Csprofit*1、*Csprofit*2 和 *Cmprofit* 分别表示 COC 契约所得到的供应商 1、供应商 2 和制造商的利润。从图 3-4 中可以看出，采用 NOC 契约时，当 $c_2$ 增加时，供应商 1 和供应商 2 的利润均减少，而制造商的利润增加。采用 COC 契约时，当 $c_2$ 增加时，由于供应商 1 只获得其保留利润，因此其利润保持不变，供应商 2 的利润减少，而制造商的利润也保持不变。从图 3-4 中还可以看出，装配系统实现整体协同后，在 $[\underline{c_2}, \overline{U_1}]$ 区间内，制造商和供应商 1 的利润均低于其协同前的利润，而供应商 2 的利润高于其协同前的利润，这可以解释为：为了实现装配系统的整体协同，需要分给私有信息拥有者更多的

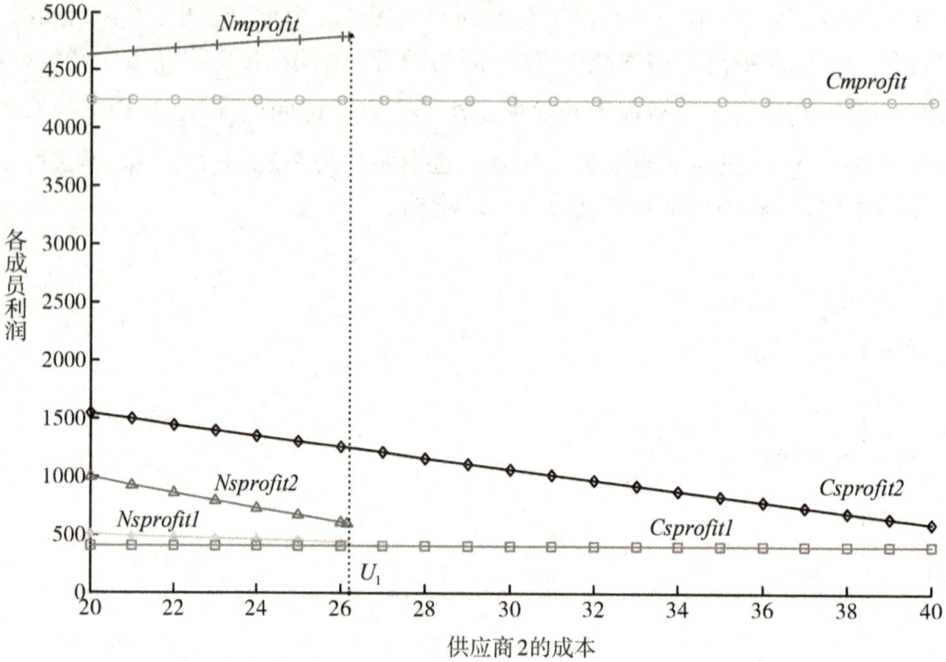


图 3-4　装配系统各成员的利润

利润来激励其揭示真实信息。根据这些变化，我们可以推断出在 $[c_2,\overline{U_1}]$ 区间内，制造商更倾向于 NOC 契约，因为这样其获得的利润更多，而在 $[\overline{U_1},\overline{U_2}]$ 区间内，制造商则会考虑 COC 契约。

同 Shen 和 Willems(2012)一样，我们保持其他参数不变，讨论供应商 2 的保留利润 $\Pi_2^-$ 和成本信息分布区间 $[c_2,\overline{c_2}]$ 的变化对系统总利润和各成员利润的影响。图 3-5 至图 3-8 分别反映了 $\Pi_2^-=400$、$\Pi_2^-=800$、$c_2\in[20,30]$ 和 $c_2\in[20,50]$ 时系统总利润和各成员的利润，其中 *NTprofit* 和 *CTprofit* 的含义与图 3-3 中一致，*Nsprofit*1、*Nsprofit*2、*Nmprofit*、*Csprofit*1、*Csprofit*2 和 *Cmprofit* 的含义与图 3-4 中一致。

从图 3-5 和图 3-6 中我们发现，供应商 2 保留利润的增加会导致 COC 契约下制造商的利润降低，供应商 2 的利润增加，但是对 NOC 契约下各成员的利润和系统总利润以及 COC 契约下其他成员的利润和系统总利润的影响不大。另外，在图 3-5 和图 3-6 中，NOC 和 COC 两种契约下系统总利润的大小关系与图 3-3 中一致，各成员利润的大小关系与图 3-4 中一致，这说明制造商对于 NOC 和 COC 两种契约的选择不会受到供应商 2 的保留利润变化的影响。

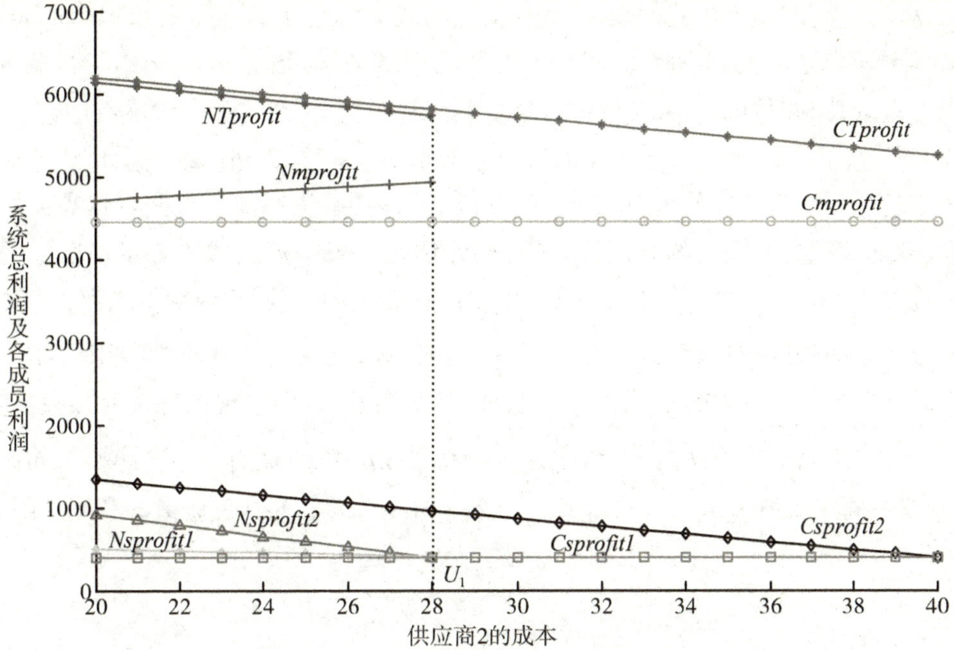


图 3-5 $\Pi_2^- = 400$ 时各成员的利润和系统总利润

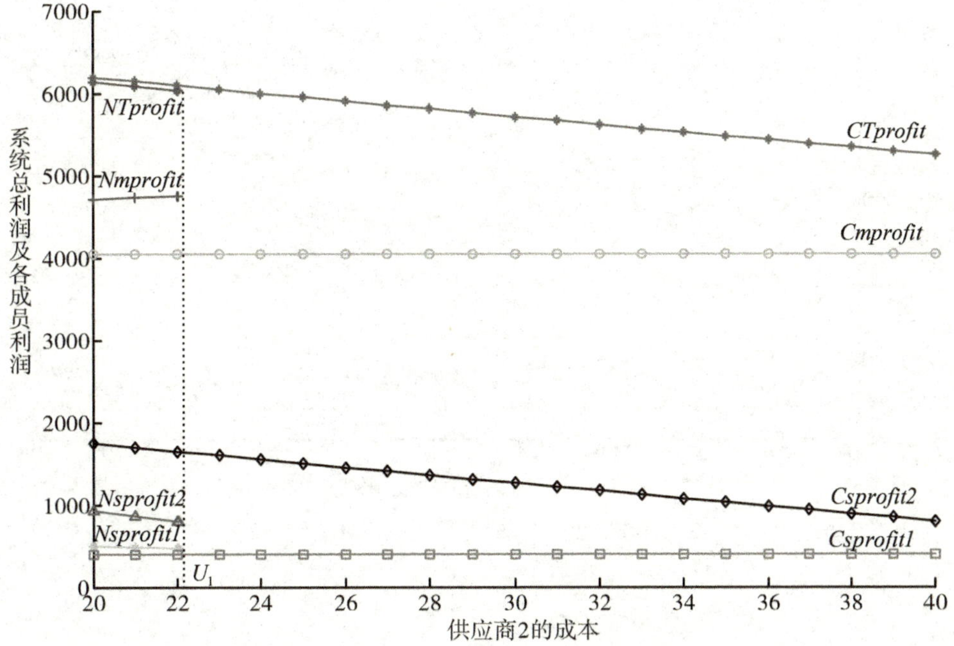


图 3-6 $\Pi_2^- = 800$ 时各成员的利润和系统总利润

从图 3-7 和图 3-8 中我们发现,供应商 2 的成本信息分布区间长度的增加会导致 COC 契约下制造商的利润降低,供应商 2 的利润增加,但是对 NOC 契约下各成员的利润和系统总利润以及 COC 契约下其他成员的利润和系统总利润的影响不大。在图 3-7 中,我们还发现当 $c_2 \in [20,23]$ 时, $Nmprofit < Cmprofit$ ,这说明供应商 2 的成本信息分布区间长度较短时,在 $c_2$ 的某段区域内,系统协同不仅能够提高系统总利润,还能够提高制造商的利润,但是我们无法通过数学表达式来表示该区域的范围。在图 3-8 中, $\underline{L_2}=22$,当 $c_2 \in [20,22]$ 时,COC 契约无效,这说明供应商 2 的成本信息分布区间长度较长时,当 $c_2$ 较小时,COC 契约可能无效。另外,受到图 3-7 中 $c_2 \in [20,23]$ 时, $Nmprofit < Cmprofit$ 这一现象的启发,我们发现保持其他参数不变,当 $\overline{c_2} \leqslant 27$ 时, $c_2 \in [20,\overline{U_1}]$ 时, $Nmprofit < Cmprofit$ 成立,此时在 $c_2$ 的整个分布区间内,制造商都会选择 COC 契约。$c_2 \in [20,27]$ 时系统总利润和各成员的利润如图 3-9 所示。

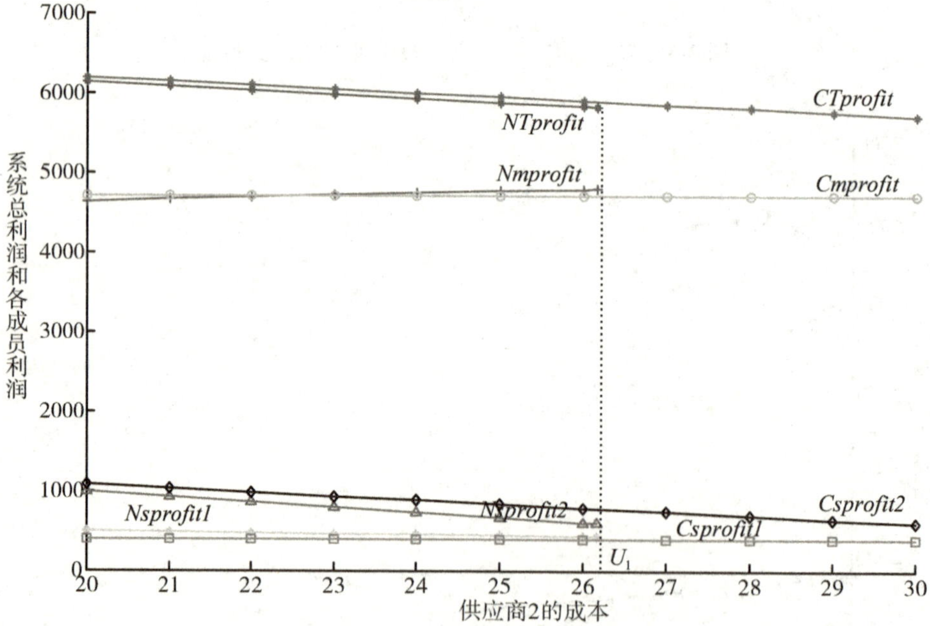


图 3-7　$c_2 \in [20,30]$ 时各成员利润和系统总利润

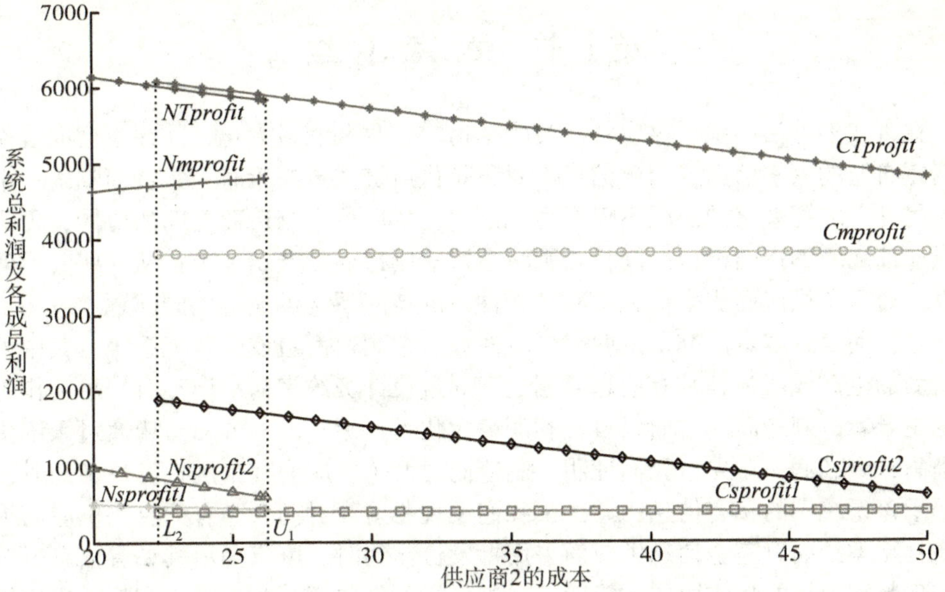


图 3-8 $c_2 \in [20,50]$ 时各成员利润和系统总利润

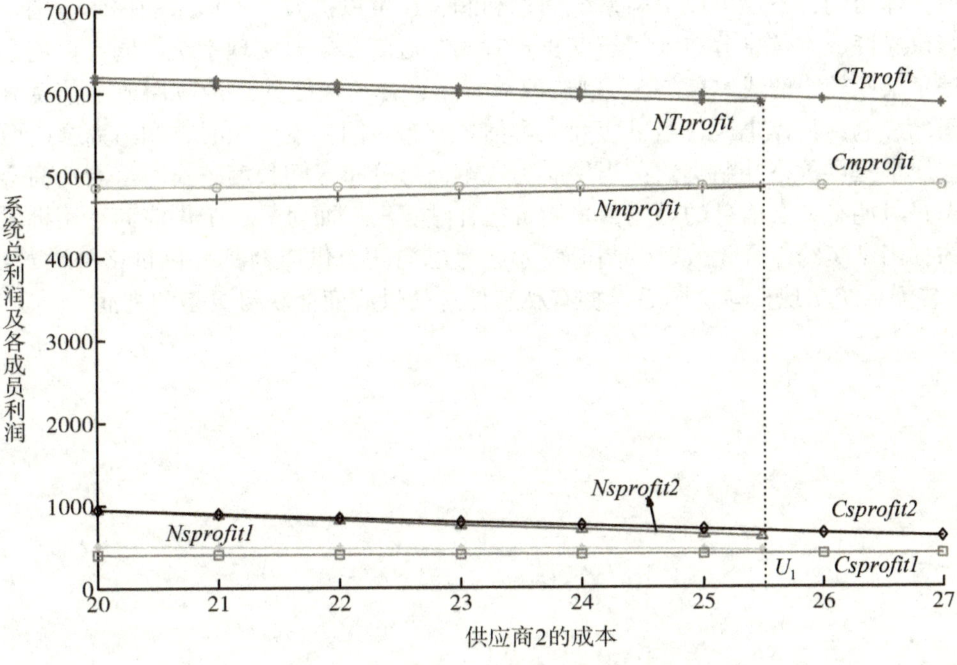


图 3-9 $c_2 \in [20,27]$ 时各成员的利润和系统总利润

## 第七节 本章小结

在现实经营活动中，供应链成员为了追求自身利润最大化，往往不会向合作伙伴透露自己的真实信息，因此信息不对称是供应链成员决策时经常会面临的一个问题。另外，装配系统的协同不仅要考虑纵向上供应商与制造商之间的协同，更要考虑供应商之间的横向供应协同，否则将会影响制造商的产出。本章从这些实际问题出发，研究了供应商成本信息不对称条件下的装配系统供应链协同问题。

具体而言，本章研究了由两个供应商和一个制造商组成的装配系统，其中一个供应商的生产成本为其私有信息，制造商通过设计契约来揭示该私有信息。作为系统的主导者，制造商一方面以自身利润最大化为目标，另一方面希望通过系统协同来提高自身利润。首先，我们证明了制造商对两个供应商都采用批发价契约时，无法揭示该系统中的私有信息。其次，我们发现制造商对拥有私有信息的供应商采用价格补贴契约而对完全信息供应商采用批发价契约时，可以揭示其私有信息，但不能实现装配系统的整体协同。最后，我们分析了制造商对两个供应商都采用价格补贴契约时，在实现成功揭示私有信息的同时，实现了装配系统的整体协同。通过数值试验我们得到了以下几点管理启示：(1)供应商成本信息不对称时，实现装配系统的整体协同，不仅可以提高系统的总利润，还可以扩大成本信息的揭示范围，但是当供应商成本信息分布区间长度较长时，制造商如果要实现系统协同，可能会无法揭示某些较小的成本值。(2)制造商对契约组合的选择受到供应商成本信息分布区间的影响，具体来说，当供应商成本信息分布区间长度较短时，制造商会向两个供应商都提供价格补贴契约；当供应商成本信息分布区间长度较长时，制造商会先考虑只对拥有私有信息的供应商采用价格补贴契约，而对另一个供应商采用批发价契约，当该契约组合无效时，制造商才会考虑向两个供应商都提供价格补贴契约。(3)装配系统实现整体协同后，拥有私有信息的供应商会获得更多的利润。

# 第四章 制造商成本信息不对称下装配系统中供应商决策顺序研究

## 第一节 问题背景

装配系统一般由多个供应商和一个制造商组成，按照供应商和制造商议价能力的不同，装配系统可以分为拉式系统和推式系统两种类型(Granot 和 Yin，2008)。在拉式系统中，制造商作为系统的主导者，享有零部件的定价权，不需要承担任何库存风险，而供应商需要承担生产过多带来的损失。在推式系统中，供应商是系统的主导者，享有零部件的定价权，不需要承担任何库存风险，而制造商需要承担订货过多带来的损失。在推式系统中，制造商处于弱势地位，供应商可以通过设计契约使得制造商只能获得其保留利润(或者利润为零)，出于自身利益的考虑，制造商可能会故意隐瞒或谎报某些信息(如成本信息、需求信息)，以谋求在交易中得到更多的收益。处于强势地位的供应商为了降低制造商这一行为对自身利润的影响，往往会利用契约来揭示其真实信息。然而，多个供应商在向制造商提供契约的过程中，可以按照事先商议好的顺序先后向制造商提供契约，也可以同时向制造商提供契约。第一种方式中供应商之间以先后决策顺序展开合作，第二种方式中供应商之间以同时决策顺序展开合作。现有研究表明：完全信息条件下，供应商之间不同的决策顺序能够影响装配系统中各个体的生产与定价决策，进而影响各成员的利润(Jiang 和 Wang，2005；Wang，2006)。但是在信息不对称条件下，推式装配系统中供应商之间不同的决策顺序是否会影响以及如何影响各成员的生产与定价决策以及利润？目前还没有文章对这一问题展开研究。

本章将研究聚焦于制造商成本信息不对称条件下，推式装配系统中供应商的决策顺序对各个体利润的影响。具体而言：本章的研究对象为由两个供应商和一个制造商组成的装配系统，其中制造商为了获得更多的收益，故意向上游供应商隐瞒其真实成本信息。两个供应商为了降低制造商这一行为对自己利润的影响，通过设计契约来促使制造商揭示其真实成本信息。本章考虑了两个供应商先后提供契约(先后决策)和同时提供契约(同时决策)两种情况，首先分析了每种情况下供应商的最优决策，然后通过比较两种情况下各供应商和制造商的利润，分析对于每个成员而言哪种决策顺序更优。目前，只有 Fang et al.（2014）和何建佳等（2013）研究了装配系统中的成本信息不对称问题。本章与这两篇文献的主要区别在于：(1)本章考虑了供应商先后决策和同时决策两种情况，而这两篇文献只考虑了供应商同时决策的情况。(2)本章考虑的是制造商成本信息不对称的情况，而这两篇文献考虑的是供应商成本信息不对称的情况。

## 第二节　模型描述与基本假设

本章研究的装配系统包含两个供应商（供应商 1 和供应商 2）和一个制造商，每个供应商各生产 1 种零部件，这两种零部件为配套产品，制造商需要采购这两种零部件来完成最终产品的装配。供应商 1、供应商 2 和制造商的生产成本分别为 $c_1$、$c_2$和 $c_0$，最终产品的销售价格为 $p$，市场需求为 $D$。其中除了 $c_0$为私有信息外，其余各个变量均是供应商和制造商的公共信息。由于 $c_0$为制造商的私有信息，供应商无法知道其确定值，但是供应商可以根据以往历史数据推测出 $c_0$在区间 $[\underline{c_0},\ \overline{c_0}]$ 上满足概率密度函数为 $g(c_0)$，累计分布函数为 $G(c_0)$ 的概率分布。制造商的市场需求 $D$ 满足概率密度函数为 $f(D)$，累计分布函数为 $F(D)$ 的概率分布。令 $C$ 表示装配系统的总成本，即 $C=\sum_{i=0}^{2} c_i$，同时令 $Z(c_0)=\dfrac{G(c_0)}{g(c_0)}$，类似于 Kalkancı 和 Erhun（2012），我们假设 $Z(c_0)$ 和 $Z'(c_0)$ 均为 $c_0$的非减函数，一些常见的分布函数具有这一性质，如均匀分布、指数分布、正态分布等。另外，本章假设供应商之间的零部件供应比例是 1∶1。

## 第三节　供应商先后决策

首先，供应商 1 向制造商提供一组转移支付契约菜单 $\{T_1(y(c_0)),y(c_0)\}$，供应商 2 观察到供应商 1 的契约菜单后，也向制造商提供一组转移支付契约菜单 $\{T_2(y(c_0)),y(c_0)\}$，其中 $y(c_0)$ 表示供应商认为制造商的私有成本为 $c_0$ 时所提供零部件的数量，$T_1(y(c_0))$ 和 $T_2(y(c_0))$ 分别表示制造商向两个供应商支付的费用（即供应商的收入）。然后，制造商根据真实成本从两个供应商提供的契约菜单中各选择一组契约并付款给供应商。最后，各个供应商按照制造商选择的契约进行生产，并在需求实现前将零部件送达制造商处。由 $T_1(y(c_0))$ 和 $T_2(y(c_0))$ 的含义可知它们均为 $y(c_0)$ 的递增函数（我们将会在附录中证明供应商的最优决策满足这一性质），因此制造商一定会从两个供应商处采购相同数量的零部件。

假设制造商的真实成本为 $c_0$，但是其揭示的成本信息为 $\hat{c}_0$，即制造商从两个供应商处选择的契约分别为$\{T_1(y(\hat{c}_0)),y(\hat{c}_0)\}$和$\{T_2(y(\hat{c}_0)),y(\hat{c}_0)\}$，则此时制造商的利润可以表示为：

$$\Pi_a(\hat{c}_0)=pE_D[\min(D,y(\hat{c}_0))]-T_1(y(\hat{c}_0))-T_2(y(\hat{c}_0))-c_0y(\hat{c}_0) \quad (4\text{-}1)$$

我们采用逆向归纳法来求解两个供应商的最优机制设计问题，先求出供应商2的最优决策，然后根据供应商2的决策来求出供应商1的最优决策。供应商2的机制设计问题可以表示为：

$$\max_{T_2(\cdot),y(\cdot)}\int_{\underline{c}_0}^{\bar{c}_0}(T_2(y(c_0))-c_2y(c_0))g(c_0)\mathrm{d}c_0 \quad (4\text{-}2)$$

$$s.t.\quad \begin{aligned}&pE_D[\min(D,y(c_0))]-T_1(y(c_0))-T_2(y(c_0))-c_0y(c_0)\\&\geqslant pE_D[\min(D,y(\hat{c}_0))]-T_1(y(\hat{c}_0))-T_2(y(\hat{c}_0))-c_0y(\hat{c}_0)\end{aligned} \quad (4\text{-}3)$$

$$pE_D[\min(D,y(c_0))]-T_1(y(c_0))-T_2(y(c_0))-c_0y(c_0)\geqslant 0 \quad (4\text{-}4)$$

式(4-3)是激励相容约束(Incentive-Compatibility Constraint,IC)，用来激励制造商揭示真实成本信息。式(4-4)表示个人理性约束(Individual Rationality Constraint,IR)，用来保证制造商参与此次交易。

**引理1**　私有成本信息为$c_0$的制造商揭示真实成本信息时，其利润为$\Pi_a(c_0)=\int_{c_0}^{\bar{c}_0}y(z)\mathrm{d}z$且$y(c_0)$是关于$c_0$的递减函数。

**证明**：将$\Pi_a(\hat{c}_0)$分别对$\hat{c}_0$求一阶导和二阶导可得：

$$\frac{\mathrm{d}\Pi_a(\hat{c}_0)}{\mathrm{d}\hat{c}_0}=\{p[1-F(y(\hat{c}_0))]-T_1{}'(y(\hat{c}_0))-T_2{}'(y(\hat{c}_0))-c_0\}y'(\hat{c}_0)$$

$$\begin{aligned}\frac{\mathrm{d}^2\Pi_a(\hat{c}_0)}{\mathrm{d}^2\hat{c}_0}=&-[pf(y(\hat{c}_0))+T_1{}''(y(\hat{c}_0))+T_2{}''(y(\hat{c}_0))]y'(\hat{c}_0)^2\\&+\{p[1-F(y(\hat{c}_0))]-T_1{}'(y(\hat{c}_0))-T_2{}'(y(\hat{c}_0))-c_0\}y''(\hat{c}_0)\end{aligned}$$

根据显示原理，在激励相容条件下，令$\hat{c}_0=c_0$，由式(4-3)可得：

$$\{p[1-F(y(c_0))]-T_1{}'(y(c_0))-T_2{}'(y(c_0))-c_0\}y'(c_0)=0 \quad (4\text{-}5)$$

$$\begin{aligned}&-[pf(y(c_0))+T_1{}''(y(c_0))+T_2{}''(y(c_0))]y'(c_0)^2\\&+\{p[1-F(y(c_0)]-T_1{}'(y(c_0))-T_2{}'(y(c_0))-c_0\}y''(c_0)\leqslant 0\end{aligned} \quad (4\text{-}6)$$

将式(4-5)左右两边都对$c_0$求导可得：

$$\begin{aligned}&-[pf(y(c_0))+T_1{}''(y(c_0))+T_2{}''(y(c_0))]y'(c_0)^2-y'(c_0)\\&+\{p[1-F(y(c_0))]-T_1{}'(y(c_0))-T_2{}'(y(c_0))-c_0\}y''(c_0)=0\end{aligned} \quad (4\text{-}7)$$

结合式(4-6)和式(4-7)我们可得$y'(c_0)<0$。

由式(4-1)我们可知，制造商揭示真实成本信息$c_0$时，其利润函数$\Pi_a(c_0)$可以表示为：

$\Pi_a(c_0)=pE_D[\min(D,y(c_0))]-T_1(y(c_0)-T_2(y(c_0))-c_0y(c_0)$

将 $\Pi_a(c_0)$ 对 $c_0$ 求导可得：

$$\frac{d\Pi_a(c_0)}{dc_0}=(p[1-F(y(c_0))]-T_1'(y(c_0))-T_2'(y(c_0))-c_0)y'(c_0)-y(c_0)$$

由式(4-5) 我们可得 $\frac{d\Pi_a(c_0)}{dc_0}=-y(c_0)$，因此 $\Pi_a(c_0)$ 可以表示为 $\Pi_a(c_0)=\int_{c_0}^{\overline{c_0}}y(z)dz+\Pi_a(\overline{c_0})$，而供应商 2 可以通过提高 $T_2(\overline{c_0})$，使得制造商的私有信息为 $\overline{c_0}$ 时其利润为 0，即 $\Pi_a(\overline{c_0})=0$，因此 $\Pi_a(c_0)=\int_{c_0}^{\overline{c_0}}y(z)dz$，从该式可以看出 $\Pi_a(c_0)\geqslant\Pi_a(\overline{c_0})=0$，即约束(4-4) 一定成立。

下面我们证明 $y'(c_0)<0$ 和 $\Pi_a(c_0)=\int_{c_0}^{\overline{c_0}}y(z)dz$ 是约束(4-3) 成立的充分条件。由式(4-1) 和 $\Pi_a(c_0)=\int_{c_0}^{\overline{c_0}}y(z)dz$，我们可得 $\frac{\partial(\Pi_a(\hat{c}_0)-\Pi_a(c_0))}{\partial c_0}=y(c_0)-y(\hat{c}_0)$。因为 $y'(c_0)<0$，则 $c_0<\hat{c}_0$ 时，$\frac{\partial(\Pi_a(\hat{c}_0)-\Pi_a(c_0))}{\partial c_0}>0$；$c_0>\hat{c}_0$ 时，$\frac{\partial(\Pi_a(\hat{c}_0)-\Pi_a(c_0))}{\partial c_0}<0$，则 $c_0=\hat{c}_0$ 时，$\Pi_a(\hat{c}_0)-\Pi_a(c_0)$ 取得最大值为 0，则 $\Pi_a(\hat{c}_0)\leqslant\Pi_a(c_0)$。

因此，引理 1 得证。

由引理 1 可得：

$$T_2(y(c_0))=pE_D[\min(D,y(c_0))]-\int_{c_0}^{\overline{c_0}}y(z)dz-T_1(y(c_0))-c_0y(c_0) \quad (4\text{-}8)$$

由式(4-8) 可得：

$$\begin{aligned}T(y(c_0))&=T_1(y(c_0))+T_2(y(c_0))\\&=pE_D[\min(D,y(c_0))]-\int_{c_0}^{\overline{c_0}}y(z)dz-c_0y(c_0)\end{aligned} \quad (4\text{-}9)$$

将式(4-8) 代入到式(4-2) 中，则供应商 2 的目标函数可以表示为：

$$\max_{y(\cdot)}\int_{c_0}^{\overline{c_0}}\{pE_D[\min(D,y(c_0))]-(Z(c_0)+c_0+c_2)y(c_0)-T_1(y(c_0))\}g(c_0)dc_0$$

令 $\Pi_2(c_0)$ 为：

$$\Pi_2(c_0)=\max_{y(\cdot)}\{pE_D[\min(D,y(c_0))]-(Z(c_0)+c_0+c_2)y(c_0)-T_1(y(c_0))\} \quad (4\text{-}10)$$

令 $y^*(c_0)$ 表示供应商 2 认为制造商的真实成本为 $c_0$ 时的最优零部件提供量，则供应商 1 的目标函数可以表示为：

$$\max_{y^*(\cdot)} \int_{\underline{c}_0}^{\bar{c}_0} (T_1(y^*(c_0)) - c_1 y^*(c_0)) g(c_0) \mathrm{d}c_0$$

$$= \int_{\underline{c}_0}^{\bar{c}_0} \{pE_D[\min(D, y^*(c_0))] - Z(c_0)y^*(c_0) - Cy^*(c_0) - \Pi_2(c_0)\} g(c_0) \mathrm{d}c_0 \tag{4-11}$$

**命题 1** 供应商按照先后顺序进行决策时，私有成本为 $c_0$ 的制造商从两个供应商处采购零部件的数量 $y_{Tseq}(c_0)$ 满足：$\bar{F}(y_{Tseq}(c_0)) = \dfrac{C + Z(c_0)(Z'(c_0) + 2)}{p}$，两个供应商的收入函数满足：

$$T(y_{Tseq}(c_0)) = T_1(y_{Tseq}(c_0)) + T_2(y_{Tseq}(c_0))$$

$$= pE_D[\min(D, y_{Tseq}(c_0)] - \int_{\underline{c}_0}^{\bar{c}_0} y_{Tseq}(z) \mathrm{d}z - c_0 y_{Tseq}(c_0)$$

$$T_1(y_{Tseq}(c_0)) = pE_D[\min(D, y_{Tseq}(c_0)] - (Z(c_0) + c_0 + c_2) y_{Tseq}(c_0) - \Pi_2(c_0)$$

$$\Pi_2(c_0) = \int_{\underline{c}_0}^{\bar{c}_0} (Z'(\tau) + 1) y_{Tseq}(\tau) \mathrm{d}\tau$$

证明见附录。

从命题 1 中可以看出，供应商 1 的收入是关于 $\Pi_2(c_0)$ 的函数，即两个供应商的决策之间存在着内在联系，这是因为供应商 1 不仅需要激励制造商揭示其真实信息 $c_0$，而且需要促使供应商 2 提供与供应商 1 相等数量的零部件，否则供应商 2 可能减少零部件的供应量，从而导致供应商 1 利润的降低。

## 第四节 供应商同时决策

首先，两个供应商同时向制造商提供一组转移支付契约菜单 $\{T_1(y(c_0)), y(c_0)\}$ 和 $\{T_2(y(c_0)), y(c_0)\}$。其次，制造商根据自己的私有信息从两个供应商提供的契约菜单中各选择一组契约并付款给供应商。最后，各个供应商按照制造商选择的契约进行生产，并在需求实现前将零部件送达制造商处。同样，$T_1(y(c_0))$ 和 $T_2(y(c_0))$ 均为 $y(c_0)$ 的递增函数（我们会在附录中证明这一点），制造商一定会从两个供应商处采购相同数量的零部件。

两个供应商同时决策时，制造商的利润、IC 约束和 IR 约束同样可以用式（4-1）、式（4-3）和式（4-4）来表示。因此，引理 1 同样适用于供应商同时决策的情况。供应商 1 和供应商 2 的机制设计问题可以分别表示为：

$$\max_{T_1(\cdot),y(\cdot)} \int_{\underline{c_0}}^{\overline{c_0}} [T_1(y(c_0)) - c_1 y(c_0)] g(c_0) \mathrm{d}c_0$$

$$= \int_{\underline{c_0}}^{\overline{c_0}} \{pE_D[\min(D, y(c_0))] - Z(c_0)y(c_0) - T_2(y(c_0)) - (c_0 + c_1)y(c_0)\} g(c_0) \mathrm{d}c_0 \tag{4-12}$$

s.t. (4-3), (4-4)

$$\max_{T_2(\cdot),y(\cdot)} \int_{\underline{c_0}}^{\overline{c_0}} [T_2(y(c_0)) - c_2 y(c_0)] g(c_0) \mathrm{d}c_0$$

$$= \int_{\underline{c_0}}^{\overline{c_0}} \{pE_D[\min(D, y(c_0))] - Z(c_0)y(c_0) - T_1(y(c_0)) - (c_0 + c_2)y(c_0)\} g(c_0) \mathrm{d}c_0 \tag{4-13}$$

s.t.(4-3)(4-4)

**命题 2**　供应商同时进行决策时,私有成本为 $c_0$ 的制造商从两个供应商处采购零部件的数量 $y_{Tsim}(c_0)$ 满足:$\bar{F}(y_{Tsim}(c_0)) = \dfrac{C + 2Z(c_0)}{p}$,两个供应商的收入函数满足:

$$T_1(y_{Tsim}(c_0)) = T_1(y_{Tsim}(\underline{c_0})) + \int_{\underline{c_0}}^{c_0} [Z(\tau) + c_1] y'_{Tsim}(\tau) \mathrm{d}\tau \tag{4-14}$$

$$T_2(y_{Tsim}(c_0)) = T_2(y_{Tsim}(\underline{c_0})) + \int_{\underline{c_0}}^{c_0} [Z(\tau) + c_2] y'_{Tsim}(\tau) \mathrm{d}\tau \tag{4-15}$$

$$T_1(y_{Tsim}(\underline{c_0})) + T_2(y_{Tsim}(\underline{c_0})) = pE_D[\min(D, y_{Tsim}(\underline{c_0}))] - \int_{\underline{c_0}}^{\overline{c_0}} y_{Tsim}(z) \mathrm{d}z - \underline{c_0} y_{Tsim}(\underline{c_0}) \tag{4-16}$$

其中,$T_1(y_{Tsim}(\underline{c_0}))$ 和 $T_2(y_{Tsim}(\underline{c_0}))$ 可取满足式(4-16) 的任意一组非负值。

证明见附录。

与命题 1 不同的是,此时两个供应商的收入函数是相互独立的。这是因为供应商同时决策时,每个供应商都无法观察到另一个供应商的决策,供应商之间的博弈导致了他们将自发提供相同数量的零部件,而不需要其他的激励措施来保证这一点。

## 第五节　两种决策顺序的比较分析

本节分析供应商之间不同的决策顺序对制造商的利润和供应商期望利润的影响,令 $\Pi_{ATseq}$ 和 $\Pi_{ATsim}$ 分别表示供应商先后决策和同时决策两种模式下制造商的利润;$E\Pi_{STseq}$ 和 $E\Pi_{STsim}$ 分别表示两种模式下两个供应商的期望利润之和。为了便于比较

$E\Pi_{STseq}$ 和 $E\Pi_{STsim}$，我们需要考虑两个供应商形成一个联盟进行决策的情况，假设这种情况下，供应商联盟提供的契约菜单为 $\{T(y(c_0)), y(c_0)\}$，同样，制造商揭示的成本信息为 $\hat{c}_0$，则此时制造商的利润可以表示为：

$$\Pi_a(\hat{c}_0) = pE_D[\min(D, y(\hat{c}_0))] - T(y(\hat{c}_0)) - c_0 y(\hat{c}_0) \tag{4-17}$$

供应商联盟的机制设计问题可以表示为：

$$\max_{T(\cdot), y(\cdot)} \int_{c_0}^{c_0} [T(y(c_0)) - (c_1 + c_2) y(c_0)] g(c_0) \mathrm{d}c_0 \tag{4-18}$$

$$\text{s.t.} \quad \begin{aligned} & pE_D[\min(D, y(c_0))] - T(y(c_0)) - c_0 y(c_0) \\ & \geqslant pE_D[\min(D, y(\hat{c}_0))] - T(y(\hat{c}_0)) - c_0 y(\hat{c}_0) \end{aligned} \tag{4-19}$$

$$pE_D[\min(D, y(c_0))] - T(y(c_0)) - c_0 y(c_0) \geqslant 0 \tag{4-20}$$

由式(4-17)、式(4-29)和式(4-20)可知这种情况下制造商的利润仍然可以表示为 $\Pi_a(c_0) = \int_{c_0}^{c_0} y(z)\mathrm{d}z$，且 $y(c_0)$ 是关于 $c_0$ 的递减函数。

因此，供应商联盟的目标函数可以转化为：

$$\max_{y(\cdot)} \int_{c_0}^{c_0} \{pE_D[\min(D, y(c_0))] - (Z(c_0) + C) y(c_0)\} g(c_0) \mathrm{d}c_0$$

令 $\Pi_s(y(c_0))$ 为：

$$\Pi_s(y(c_0)) = \max_{y(\cdot)} \{pE_D[\min(D, y(c_0))] - (Z(c_0) + C) y(c_0)\} \tag{4-21}$$

将 $\Pi_s(y(c_0))$ 分别对 $y(c_0)$ 求一阶导和二阶导，我们可得：

$$\frac{\mathrm{d}\Pi_s(y(c_0))}{\mathrm{d}y(c_0)} = p[1 - F(y(c_0))] - (Z(c_0) + C)$$

$$\frac{\mathrm{d}^2\Pi_s(y(c_0))}{\mathrm{d}^2 y(c_0)} = -pf(y(c_0)) < 0$$

因此，$\Pi_s(y(c_0))$ 是关于 $y(c_0)$ 的凹函数，由 $\frac{\mathrm{d}\Pi_s(y(c_0))}{\mathrm{d}y(c_0)} = 0$ 可得 $\bar{F}(y(c_0)) = \frac{Z(c_0) + C}{p}$，从该式可看出 $y(c_0)$ 是关于 $c_0$ 的递减函数。因此，私有信息为 $c_0$ 的制造商向供应商联盟采购的零部件数量 $y_{coop}(c_0)$ 满足：$\bar{F}(y_{coop}(c_0)) = \frac{Z(c_0) + C}{p}$。由于 $Z(c_0) > 0$，且 $Z(c_0)$ 为非减函数，则 $\frac{Z(c_0) + C}{p} < \frac{C + 2Z(c_0)}{p} < \frac{C + Z(c_0)(Z'(c_0) + 2)}{p}$，我们可以得到引理 2 如下。

**引理 2**　供应商联盟决策、供应商同时决策和供应商先后决策三种模式下制造商的最优零部件采购量满足：$y_{coop}(c_0) > y_{Tsim}(c_0) > y_{Tseq}(c_0)$。

**命题3**　供应商同时决策和供应商先后决策两种模式下制造商的利润和供应商的期望利润之和满足：$\Pi_{ATsim} > \Pi_{ATseq}, E\Pi_{STsim} > E\Pi_{STseq}$。

**证明：**两种决策模式下制造商的利润都可以表示为 $\Pi_a(c_0) = \int_{\underline{c_0}}^{c_0} y(z)\,\mathrm{d}z$，$\Pi_a(c_0)$ 是关于 $y(\cdot)$ 的递增函数，由引理2可知 $y_{Tsim}(c_0) > y_{Tseq}(c_0)$，因此 $\Pi_{ATsim} > \Pi_{ATseq}$。两种决策模式下供应商的期望利润之和都可以表示为：

$$\int_{\underline{c_0}}^{\overline{c_0}} \{pE_D[\min(D, y(c_0))] - (Z(c_0) + C)y(c_0)\} g(c_0)\,\mathrm{d}c_0 = \int_{\underline{c_0}}^{\overline{c_0}} \Pi_s(y(c_0)) g(c_0)\,\mathrm{d}c_0$$

由引理2可知 $\Pi_s(y_{Tsim}(c_0)) > \Pi_s(y_{Tseq}(c_0))$，因此 $E\Pi_{STsim} > E\Pi_{STseq}$。

令 $E\Pi_{1Tsim}$ 和 $E\Pi_{2Tsim}$ 分别表示供应商同时决策时供应商1和供应商2的期望利润，$E\Pi_{1Tseq}$ 和 $E\Pi_{2Tseq}$ 分别表示供应商先后决策时供应商1和供应商2的期望利润。由式(4-14)和式(4-15)可得：

$$\begin{aligned}
E\Pi_{1Tsim} &= \int_{\underline{c_0}}^{\overline{c_0}} [T_1(y_{Tsim}(c_0)) - c_1 y_{Tsim}(c_0)] g(c_0)\,\mathrm{d}c_0 \\
&= T_1(y_{Tsim}(\underline{c_0})) + \int_{\underline{c_0}}^{\overline{c_0}} \left\{ \int_{\underline{c_0}}^{c_0} [Z(\tau) + c_1] y'_{Tsim}(\tau)\,\mathrm{d}\tau - c_1 y_{Tsim}(c_0) \right\} g(c_0)\,\mathrm{d}c_0 \\
E\Pi_{2Tsim} &= \int_{\underline{c_0}}^{\overline{c_0}} [T_2(y_{Tsim}(c_0)) - c_2 y_{Tsim}(c_0)] g(c_0)\,\mathrm{d}c_0 \\
&= T_2(y_{Tsim}(\underline{c_0})) + \int_{\underline{c_0}}^{\overline{c_0}} \left\{ \int_{\underline{c_0}}^{c_0} [Z(\tau) + c_2] y'_{Tsim}(\tau)\,\mathrm{d}\tau - c_2 y_{Tsim}(c_0) \right\} g(c_0)\,\mathrm{d}c_0
\end{aligned}$$

由于 $E\Pi_{STsim} > E\Pi_{STseq}$，一定存在一组 $T_1(y_{Tsim}(\underline{c_0}))$ 和 $T_2(y_{Tsim}(\underline{c_0}))$ 使得 $E\Pi_{1Tsim} \geq E\Pi_{1Tseq}$ 和 $E\Pi_{2Tsim} \geq E\Pi_{2Tseq}$ 都成立，此时，$T_1(y_{Tsim}(\underline{c_0}))$ 和 $T_2(y_{Tsim}(\underline{c_0}))$ 除了满足式(4-16)外还需要满足以下条件：

$$T_1(y_{Tsim}(\underline{c_0})) \geq E\Pi_{1Tseq} - \int_{\underline{c_0}}^{\overline{c_0}} \left\{ \int_{\underline{c_0}}^{c_0} [Z(\tau) + c_1] y'_{Tsim}(\tau)\,\mathrm{d}\tau - c_1 y_{Tsim}(c_0) \right\} g(c_0)\,\mathrm{d}c_0 \tag{4-22}$$

$$T_2(y_{Tsim}(\underline{c_0})) \geq E\Pi_{2Tseq} - \int_{\underline{c_0}}^{\overline{c_0}} \left\{ \int_{\underline{c_0}}^{c_0} [Z(\tau) + c_2] y'_{Tsim}(\tau)\,\mathrm{d}\tau - c_2 y_{Tsim}(c_0) \right\} g(c_0)\,\mathrm{d}c_0 \tag{4-23}$$

从上述分析可知，供应商同时决策时制造商的利润大于供应商先后决策时制造商的利润。供应商同时决策时，如果两个供应商在制造商私有成本取其分布区间的下界值时合理设计收入分配机制，能够保证每个供应商的期望利润均大于供应商先后决策时其所得到的期望利润。因此，两个供应商和制造商都更倾向于供应商同时决策这种模式。

# 第六节 数值试验

假设供应商 1 和供应商 2 的生产成本分别为 $c_1=20$，$c_2=15$，制造商的零售价 $p=200$，市场需求 $D\sim U[50, 100]$，零售商的私有成本 $c_0\sim U[1, 40]$。我们通过这些参数来验证第五节中的引理 2 和命题 3，其中对于引理 2 的验证如图 4-1 所示，对于命题 3 中两种决策模式下制造商的利润的大小关系的验证如图 4-2 所示。图 4-3则用来验证两种决策模式下供应商的收入是否是关于制造商采购量的递增函数。

从图 4-1 中可以看出无论是供应商同时决策还是供应商先后决策，制造商的采购数量都随着其成本的增加而减少，而且供应商同时决策时制造商的采购数量始终大于供应商先后决策时制造商的采购数量。从图 4-2 中可以看出无论是供应商同时决策还是供应商先后决策，制造商的利润都随着其成本的增加而降低，而且供应商同时决策时制造商的利润始终大于供应商先后决策时制造商的利润。

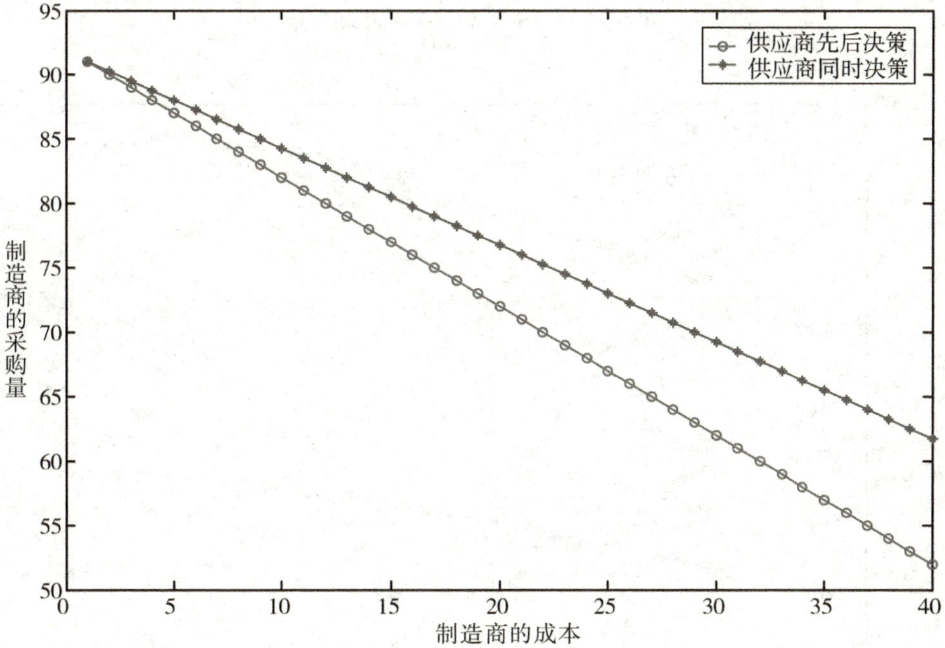


图 4-1 制造商的采购量与成本的关系

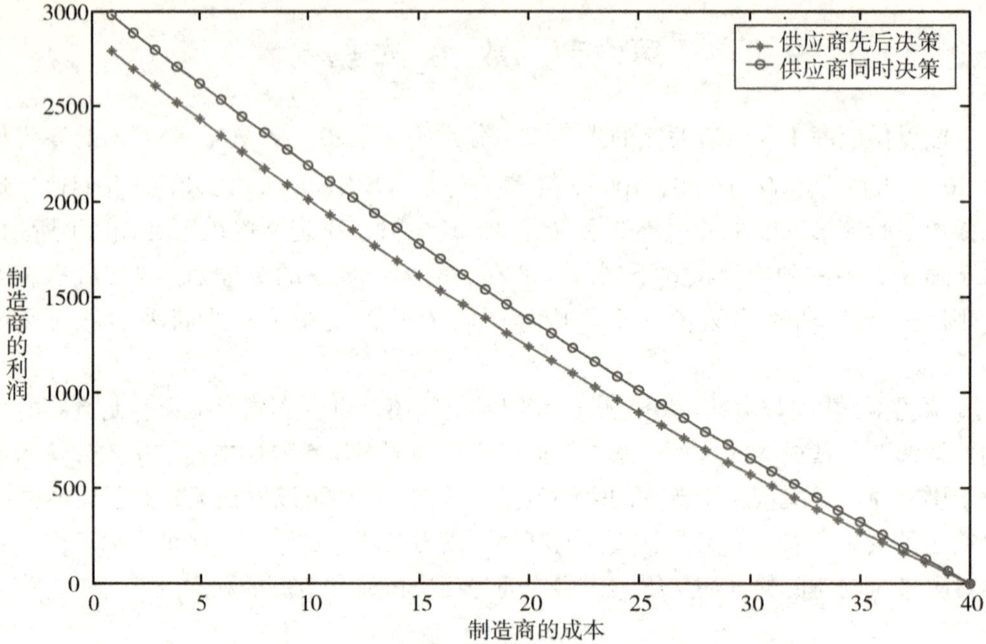


图 4-2　制造商的利润与成本的关系

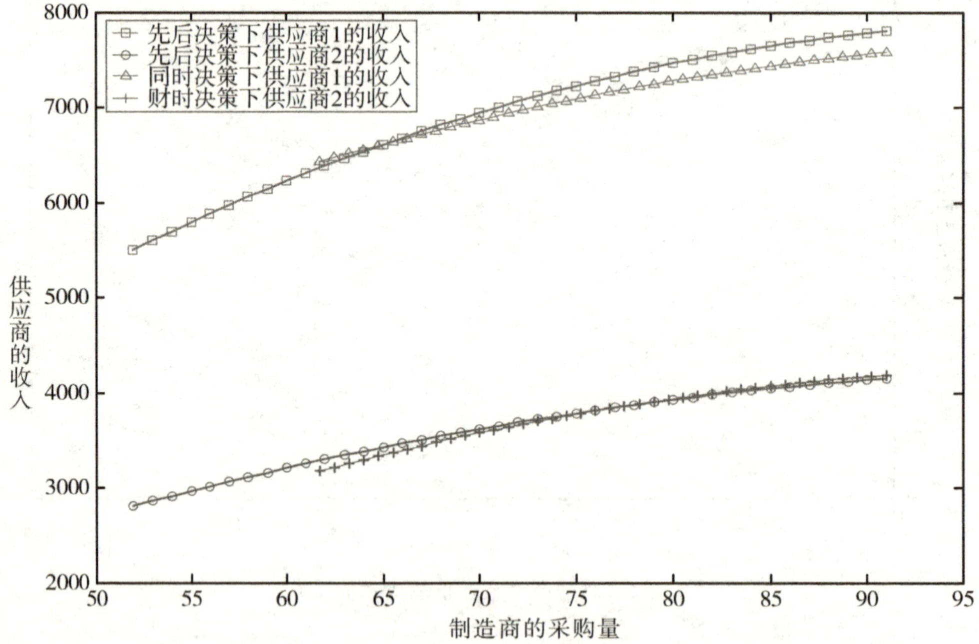


图 4-3　$\alpha$ = 0.5 时供应商的收入与制造商的采购数量的关系

将参数代入式（4-16）、式（4-22）、式（4-23）中可得 $T_1(y_{Tsim}(\underline{c_0}))+T_2(y_{Tsim}(\underline{c_0}))=11768$，$T_1(y_{Tsim}(\underline{c_0}))\geqslant 7488$，$T_2(y_{Tsim}(\underline{c_0}))\geqslant 4090$，假设 $\alpha$ 满足 $0\leqslant\alpha\leqslant 1$，则 $T_1(y_{Tsim}(\underline{c_0}))$ 和 $T_2(y_{Tsim}(\underline{c_0}))$ 可以分别表示为：

$$T_1(y_{Tsim}(\underline{c_0}))=7488+(11768-7488-4090)\alpha=7488+190\alpha$$

$$T_2(y_{Tsim}(\underline{c_0}))k=4090+190(1-\alpha)$$

$E\Pi_{1Tsim}$ 和 $E\Pi_{2Tsim}$ 可以分别表示为：$E\Pi_{1Tsim}=E\Pi_{1Tseq}+190\alpha$，$E\Pi_{2Tsim}=E\Pi_{2Tseq}+190(1-\alpha)$。假设 $\alpha=0.5$，我们可以得到供应商的收入与制造商的采购数量的关系如图 4-3 所示。

从图 4-3 中可以看出无论是供应商同时决策还是供应商先后决策，两个供应商的收入都随着制造商采购数量的增加而提高。

## 第七节 本章小结

在现实的生产经营环境中企业往往将成本信息作为商业秘密严格保密，不会轻易地告知其他企业，因此成本信息不对称是供应链成员决策时经常会面临的一个问题。另一方面，推式装配系统中多个供应商在向制造商提供契约时，存在着先后决策和同时决策这两种方式。本章从这些实际问题出发，研究了多个供应商之间的决策顺序对装配系统各成员决策和利润的影响。

具体而言，本章研究了由两个供应商和一个制造商组成的推式装配系统，其中制造商的生产成本为其私有信息，供应商通过转移支付契约来揭示该私有信息。本章考虑了供应商先后和同时向制造商提供契约两种情况，分析了每种情况下供应商的最优机制设计问题，并通过比较分析这两种情况得到了以下几点管理启示：(1)供应商同时决策时，制造商会向每个供应商采购更多的零部件。(2)同供应商先后决策时相比，供应商同时决策时制造商的利润和两个供应商的期望利润之和均有所增加。(3)供应商同时决策时，如果两个供应商在制造商私有成本取其分布区间的下界值时合理设计收入分配机制，能够保证每个供应商的期望利润均大于供应商先后决策时其所得到的期望利润。(4)两个供应商和制造商都更倾向于供应商同时决策这种模式。

## 第八节 补充材料

**命题 1 证明**：由于供应商 1 先于供应商 2 作决策，按照逆向推导法，我们先求出供应商 2 的最优决策，然后再求解供应商 1 的最优决策。

(1)求解供应商 2 的最优决策。

将 $\Pi_2(c_0)$ 对 $y(c_0)$ 求导可得：

$$\frac{\mathrm{d}\Pi_2(c_0)}{\mathrm{d}y(c_0)}=p[1-F(y(c_0))]-(Z(c_0)+c_0+c_2)-T_1'(y(c_0)) \tag{4-24}$$

由引理 1 可知 $y(c_0)$ 是关于 $c_0$ 的递减函数，我们先不考虑这一约束条件，待求出供应商 1 的最优决策后，再验证均衡解是否满足这一性质。由 $\frac{\mathrm{d}\Pi_2(c_0)}{\mathrm{d}y(c_0)}=0$，可得：

$$p[1-F(y^*(c_0))]-(Z(c_0)+c_0+c_2)-T_1'(y^*(c_0))=0 \tag{4-25}$$

由包络定理和式(4-25) 可得 $\frac{\mathrm{d}\Pi_2(c_0)}{\mathrm{d}c_0}=-(Z'(c_0)+1)y^*(c_0)$，因此 $\Pi_2(c_0)$ 可以表示为：

$$\Pi_2(c_0)=\int_{c_0}^{\bar{c}_0}(Z'(c_0)+1)y^*(\tau)\mathrm{d}\tau+\Pi_2(\overline{c_0})$$

供应商 1 可以通过提高 $T_1(\overline{c_0})$ 使得 $\Pi_2(\overline{c_0})=0$，因此可得：

$$\Pi_2(c_0)=\int_{c_0}^{\bar{c}_0}(Z'(c_0)+1)y^*(\tau)\mathrm{d}\tau \tag{4-26}$$

(2) 求解供应商 1 的最优决策。

将式(4-26) 代入式(4-11)，供应商 1 的机制设计问题可以表示为：

$$\max_{y^*(\cdot)}\int_{\underline{c}_0}^{\bar{c}_0}\{pE_D[\min(D,\ y^*(c_0))]-(Z(c_0)+C)y^*(c_0)-Z(c_0)(Z'(c_0)+1)y^*(c_0)\}g(c_0)\mathrm{d}c_0$$

令 $\Pi_1(c_0)$ 为：

$$\Pi_1(c_0)=\max_{y^*(\cdot)}\{pE_D[\min(D,\ y^*(c_0))]-(Z(c_0)+C)y^*(c_0)-Z(c_0)(Z'(c_0)+1)y^*(c_0)\}$$

将 $\Pi_1(c_0)$ 对 $y^*(c_0)$ 求导可得 $\frac{\mathrm{d}\Pi_1(c_0)}{\mathrm{d}y^*(c_0)}=p[1-F(y^*(c_0))]-C-Z(c_0)(Z'(c_0)+2)$，而 $\frac{\mathrm{d}^2\Pi_1(c_0)}{\mathrm{d}^2y^*(c_0)}=-pf(y^*(c_0))<0$，因此 $\Pi_1(c_0)$ 是关于 $y^*(c_0)$ 的凹函数，则可知 $y^*(c_0)$ 的最优解 $y_{Tseq}(c_0)$ 满足：

$$\bar{F}(y_{Tseq}(c_0))=\frac{C+Z(c_0)(Z'(c_0)+2)}{p} \tag{4-27}$$

将 $y_{Tseq}(c_0)$ 分别代入式(4-9) 式(4-10) 和式(4-26) 中，就可得到 $T(y_{Tseq}(c_0))$、$T_1(y_{Tseq}(c_0))$ 和 $\Pi_2(c_0)$ 的表达式。

得到了 $y_{Tseq}(c_0)$、$T_1(y_{Tseq}(c_0))$ 和 $T(y_{Tseq}(c_0))$ 的解析形式后，我们需要证明均衡解满足以下条件：① $y_{Tseq}(c_0)$ 是关于 $c_0$ 的递减函数；② $T_1(y_{Tseq}(c_0))$ 和

$T_2(y_{Tseq}(c_0))$ 是关于 $y_{Tseq}(c_0)$ 的递增函数；③ $y_{Tseq}(c_0)$ 是供应商2的最优解。条件1可以保证IC约束；条件2限制制造商只能向两个供应商购买相等数量的零部件；条件3确保供应商2所提供零部件的数量与供应商1相等。

(3) 证明 $y_{Tseq}(c_0)$ 是关于 $c_0$ 的递减函数。

将式(4-27)两边对 $c_0$ 求导可得：

$$-f(y_{Tseq}(c_0))\frac{\mathrm{d}y_{Tseq}(c_0)}{\mathrm{d}c_0}=\frac{1+Z'(c_0)(Z'(c_0)+2)+Z(c_0)Z''(c_0)}{p}$$

由于 $Z'(c_0)>0$，且 $Z''(c_0)>0$，因此 $\frac{\mathrm{d}y_{Tseq}(c_0)}{\mathrm{d}c_0}<0$。

(4) 证明 $T_1(y_{Tseq}(c_0))$ 和 $T_2(y_{Tseq}(c_0))$ 是关于 $y_{Tseq}(c_0)$ 的递增函数

将 $y_{Tseq}(c_0)$ 代入式(4-25)可得 $T_1'(y_{Tseq}(c_0))=Z(c_0)(Z'(c_0)+1)+c_1$，因为 $Z'(c_0)>0$，因此 $T_1'(y_{Tseq}(c_0))>0$。

将 $y_{Tseq}(c_0)$ 代入式(4-9)中，并将式(4-9)左右两边对 $y_{Tseq}(c_0)$ 求导可得：

$$T_1'(y_{Tseq}(c_0))+T_2'(y_{Tseq}(c_0))=p[1-F(y_{Tseq}(c_0))]+y_{Tseq}(c_0)\frac{\mathrm{d}c_0}{\mathrm{d}y_{Tseq}(c_0)}-$$

$$c_0-\frac{\mathrm{d}c_0}{\mathrm{d}y_{Tseq}(c_0)}y_{Tseq}(c_0)$$

$$=p[1-F(y_{Tseq}(c_0))]-c_0$$

因此，我们可得 $T_2'(y_{Tseq}(c_0))=Z(c_0)+c_2>0$。

(5) 证明 $y_{Tseq}(c_0)$ 是供应商2的最优解。

在求解供应商2的最优决策过程中，我们没有证明 $\Pi_2(c_0)$ 是关于 $y^*(c_0)$ 的凹函数，因此我们有必要对 $y_{Tseq}(c_0)$ 是否是供应商2的最优解展开分析。假设制造商的真实成本信息为 $c_0'$，我们需要证明 $y_{Tseq}(c_0')$ 是供应商2的最优解。

将 $y_{Tseq}(c_0)$ 代入式(4-24)可得：

$$\frac{\mathrm{d}\Pi_2(c_0)}{\mathrm{d}y_{Tseq}(c_0)}=p[1-F(y_{Tseq}(c_0))]-(Z(c_0')+c_0'+c_2)-T_1'(y_{Tseq}(c_0)) \tag{4-28}$$

将 $y_{Tseq}(c_0)$ 代入式(4-25)可得：

$$T_1'(y_{Tseq}(c_0))=p[1-F(y_{Tseq}(c_0))]-(Z(c_0)+c_0+c_2) \tag{4-29}$$

由式(4-28)和式(4-29)，我们可得 $\frac{\mathrm{d}\Pi_2(c_0)}{\mathrm{d}y_{Tseq}(c_0)}=(Z(c_0)+c_0)-(Z(c_0')+c_0')$，由于 $Z(c_0)$ 是关于 $c_0$ 的递增函数，所以当 $c_0\leqslant c_0'$ 时，$\frac{\mathrm{d}\Pi_2(c_0)}{\mathrm{d}y_{Tseq}(c_0)}\leqslant 0$；当 $c_0>c_0'$ 时，$\frac{\mathrm{d}\Pi_2(c_0)}{\mathrm{d}y_{Tseq}(c_0)}>0$。又因为 $y_{Tseq}(c_0)$ 是关于 $c_0$ 的递减函数，因此，当 $y_{Tseq}(c_0)<y_{Tseq}(c_0')$

时，$\frac{\mathrm{d}\Pi_2(c_0)}{\mathrm{d}y_{Tseq}(c_0)}>0$；当 $y_{Tseq}(c_0)\geqslant y_{Tseq}(c_0')$ 时，$\frac{\mathrm{d}\Pi_2(c_0)}{\mathrm{d}y_{Tseq}(c_0)}\leqslant 0$。因此，当制造商真实的成本信息为 $c_0'$时，$y_{Tseq}(c_0')$ 是供应商 2 的最优解。

**命题 2 证明**：令 $\Pi_1(c_0)$ 和 $\Pi_2(c_0)$ 分别为：

$$\Pi_1(c_0)=pE_D[\min(D,\ y(c_0))]-Z(c_0)y(c_0)-T_2(y(c_0))-(c_0+c_1)y(c_0) \tag{4-30}$$

$$\Pi_2(c_0)=pE_D[\min(D,\ y(c_0))]-Z(c_0)y(c_0)-T_1(y(c_0))-(c_0+c_2)y(c_0) \tag{4-31}$$

将式(4-30) 和式(4-31) 分别对 $y(c_0)$ 求导可得：

$$\frac{\mathrm{d}\Pi_1(c_0)}{\mathrm{d}y(c_0)}=p[1-F(y(c_0))]-T_2'(y(c_0))-(Z(c_0)+c_0+c_1) \tag{4-32}$$

$$\frac{\mathrm{d}\Pi_2(c_0)}{\mathrm{d}y(c_0)}=p[1-F(y(c_0))]-T_1'(y(c_0))-(Z(c_0)+c_0+c_2) \tag{4-33}$$

供应商同时决策时，制造商的利润也可以表示为 $\Pi_a(c_0)=\int_{c_0}^{\bar{c}_0}y(z)\mathrm{d}z$，则式(4-9) 仍然成立，将式(4-9) 左右两边对 $y(c_0)$ 求导可得：

$$T_1'(y(c_0))+T_2'(y(c_0))=p[1-F(y(c_0))]-c_0 \tag{4-34}$$

令$\frac{\mathrm{d}\Pi_1(c_0)}{\mathrm{d}y(c_0)}=0$ 和$\frac{\mathrm{d}\Pi_2(c_0)}{\mathrm{d}y(c_0)}=0$，结合式(4-34) 可得 $y(c_0)$ 的最优解 $y_{Tsim}(c_0)$ 满足：

$$\bar{F}(y_{Tsim}(c_0))=\frac{C+2Z(c_0)}{p} \tag{4-35}$$

且 $T_1'(y_{Tsim}(c_0))=Z(c_0)+c_1$，$T_2'(y_{Tsim}(c_0))=Z(c_0)+c_2$，因此，$T_1(y_{Tsim}(c_0))$ 和 $T_2(y_{Tsim}(c_0))$ 都是关于 $y_{Tsim}(c_0)$ 的递增函数，且可以表示为以下形式：

$$T_1(y_{Tsim}(c_0))=T_1(y_{Tsim}(\underline{c_0}))+\int_{c_0}^{\bar{c}_0}[Z(\tau)+c_1]y'_{Tsim}(\tau)\mathrm{d}\tau$$

$$T_2(y_{Tsim}(c_0))=T_2(y_{Tsim}(\underline{c_0}))+\int_{c_0}^{\bar{c}_0}[Z(\tau)+c_2]y'_{Tsim}(\tau)\mathrm{d}\tau$$

由式(4-9) 可得 $T_1(y_{Tsim}(\underline{c_0}))$ 和 $T_2(y_{Tsim}(\underline{c_0}))$ 满足：

$$\begin{aligned}&T_1(y_{Tsim}(\underline{c_0}))+T_2(y_{Tsim}(\underline{c_0}))\\&=pE_D[\min(D,\ y_{Tsim}(\underline{c_0}))]-\int_{c_0}^{\bar{c}_0}y_{Tsim}(z)\mathrm{d}z-c_0y_{Tsim}(\underline{c_0})\end{aligned}$$

得到了 $y_{Tsim}(c_0)$、$T_1(y_{Tsim}(\underline{c_0}))$ 和 $T_2(y_{Tsim}(\underline{c_0}))$ 的解析形式后，我们需要证明均衡解满足以下条件：① $y_{Tsim}(c_0)$ 是关于 $c_0$ 的递减函数；② $y_{Tsim}(c_0)$ 是两个供应商的最优解。

(1) 证明 $y_{Tsim}(c_0)$ 是关于 $c_0$ 的递减函数。

将式(4-35)左右两边对 $c_0$ 求导可得 $-f(y_{Tsim}(c_0))\dfrac{\mathrm{d}y_{Tsim}(c_0)}{\mathrm{d}c_0}=\dfrac{1+2Z'(c_0)}{p}$，因为 $Z'(c_0)>0$，因此$\dfrac{\mathrm{d}y_{Tsim}(c_0)}{\mathrm{d}c_0}<0$。

(2) 证明 $y_{Tsim}(c_0)$ 是两个供应商的最优解。

在求解 $y_{Tsim}(c_0)$ 的过程中，我们没有证明 $\Pi_1(c_0)$ 和 $\Pi_2(c_0)$ 是关于 $y(c_0)$ 的凹函数，因此我们有必要对 $y_{Tsim}(c_0)$ 是否是两个供应商的最优解展开分析。假设制造商真实的成本信息为 $c_0'$，我们需要证明 $y_{Tsim}(c_0')$ 是两个供应商的最优解。

将 $y_{Tsim}(c_0)$ 代入式(4-32)可得：

$$\frac{\mathrm{d}\Pi_1(c_0)}{\mathrm{d}y_{Tsim}(c_0)}=p[1-F(y_{Tsim}(c_0))]-T_2'(y_{Tsim}(c_0))-(Z(c_0')+c_0'+c_1)$$

$$=(Z(c_0)+c_0)-(Z(c_0')+c_0')$$

因为 $Z(c_0)$ 是关于 $c_0$ 的递增函数，因此当 $c_0\leqslant c_0'$时，$\dfrac{\mathrm{d}\Pi_1(c_0)}{\mathrm{d}y_{Tsim}(c_0)}\leqslant 0$；当 $c_0>c_0'$ 时，$\dfrac{\mathrm{d}\Pi_1(c_0)}{\mathrm{d}y_{Tsim}(c_0)}>0$。又因为 $y_{Tsim}(c_0)$ 是关于 $c_0$ 的递减函数，因此，当 $y_{Tsim}(c_0)<y_{Tsim}(c_0')$ 时，$\dfrac{\mathrm{d}\Pi_1(c_0)}{\mathrm{d}y_{Tsim}(c_0)}>0$；当 $y_{Tsim}(c_0)\geqslant y_{Tsim}(c_0')$ 时，$\dfrac{\mathrm{d}\Pi_1(c_0)}{\mathrm{d}y_{Tsim}(c_0)}\leqslant 0$。因此，当制造商真实的成本信息为 $c_0'$时，$y_{Tsim}(c_0')$ 是供应商 1 的最优解。同理可证 $y_{Tsim}(c_0')$ 是供应商 2 的最优解。

# 第五章　制造商需求信息不对称下装配系统产能预定契约研究

## 第一节　问 题 背 景

在装配系统中，供应商为了快速响应下游制造商的需求，往往会在观察到实际需求之前准备一定的产能，而究竟准备多少产能则取决于供应商所了解的需求信息。由于供应商不直接面对客户市场，他们只能参考下游制造商提供的需求信息来进行产能方面的决策，然而对于制造商来说，通过夸大需求信息来诱导供应商建立更多的产能更有利于自己，因此制造商往往不会将真实的市场信息告知上游供应商。

制造商通过夸大需求信息来获得更多供应商产能的现象在一些行业(如电子、半导体、医疗器械和飞机制造商等行业)中十分普遍(Lee et al.，2004，Cohen et al.，2003)，如2001年，Solectron公司由于下游客户夸大市场需求导致了其47亿美元的零部件库存剩余(Engardio，2001)，思科公司在2001年同样因为客户的虚假需求信息导致其损失了21亿美元(Files，2001)。此类现象在佳能和英特尔等电子产品行业以及通用、福特等汽车制造企业中也得到了体现(Lee et al.，2004；Wee和Wu，2009；Dooley et al.，2010)。供应商在意识到零售商有夸大需求信息的意图后，不会参考零售商提供的信息，而按照自己对需求信息的估计来建立产能，这样往往会给供需双方都造成损失。如1997年，波音公司的3000名零部件供应商由于不相信波音公司提供的订单决定降低产能，导致了当年波音747产能的紧张(Cole，1997)。因此，如何促进装配系统中需求信息的共享是个十分现实的问题，也是一个值得研究的问题。

本章对这一问题进行了研究，具体而言：本章研究的装配系统由两个供应商和一个制造商组成的装配系统，其中供应商在需求实现之前需要准备一定的产能，制造商的需求信息为其私有信息。我们共设计了三种产能预定契约来揭示真实需求信息，我们将第一种契约称为非线性转移支付契约，在该契约中，两个供应商先后向制造商提供由产能数量和支付金额构成的契约来揭示制造商的需求信息，属于信息甄别方式。我们将第二种契约称为线性转移支付契约，在该契约中，制造商通过产能预定价格主动向两个供应商揭示需求信息，属于信号博弈方式。我们将第三种契约称为混合线性与非线性转移支付契约(简称为混合契约)，在该契约中，供应商1(先作决策的供应商)先向制造商提供由产能数量和支付金额构成的契约来揭示制造商的需求信息，然后制造商通过产能预定价格向供应商2(后作决策的供应商)揭示需求信息，属于混合信息甄别-信号博弈方式。我们首先分析了每种契约的最优形式，然后比较了每种契约下各个体的利润和系统总利润。Kalkanci 和 Erhun(2012)是唯一一篇在需求信息不对称条件下对装配系统进行研究的文献，本章在该文的基础上展开了进一步的研究，本章与该文的主要区别在于：(1)Kalkanci 和 Erhun(2012)一文没有考虑供应商的产能决策，而本章考虑了这一决策；(2)Kalkanci 和 Erhun(2012)一文只考虑了信息甄别方式，而本章除了这一方式，还考虑了信号博弈方式和混合信息甄别-信号博弈方式。

## 第二节　模型描述与基本假设

本章研究的装配系统中包含两个供应商(供应商1和供应商2)和一个制造商，每个供应商各生产1种零部件，这两种零部件为配套产品，制造商需要采购这两种零部件来完成最终产品的装配，而且供应商在正式生产之前需要建立一定的产能。两个供应商的产能成本分别为 $ck_1$ 和 $ck_2$，他们的生产成本分别为 $c_1$ 和 $c_2$。两种零部件的批发价分别为 $w_1$ 和 $w_2$，最终产品的销售价格为 $r$。市场需求 $D$ 可以表示为：$D=\mu+\alpha$，其中 $\mu$ 是制造商有关市场需求的私有信息，只有制造商知道 $\mu$ 的确定值，而两个供应商只知道 $\mu$ 在区间 $[\underline{\mu},\bar{\mu}]$ 上满足概率密度函数为 $\phi(\mu)$，累计分布函数为 $\Phi(\mu)$ 的概率分布。α表示随机项，在区间 $[\underline{\alpha},\bar{\mu}]$ 上满足概率密度函数为 $g(\alpha)$，累计分布函数为 $G(\alpha)$ 的概率分布，在需求实现前任何一方都无法观测到它的真实值。令 $h_\phi(\mu)=\phi(\mu)/(1-\Phi(\mu))$，$h_g(\alpha)=g(\alpha)/(1-G(\alpha))$，$\overline{h_\phi}(\mu)=(1-\Phi(\mu))/\phi(\mu)$，同 Kalkanci 和 Erhun(2012)一样，我们假设 $h_\phi(\cdot)$，$h_g(\cdot)$，$\overline{h'_\phi}(\cdot)$ 和 $h'_g(\cdot)$ 都为递增函数，一些常见的分布如均匀分布、正态分布和指数分布满足这一性质。另外，本章假设供应商之间的零部件供应比例是1∶1。

下面我们将分析在信息不对称条件下，仅仅通过批发价契约无法实现供应商与制造商之间的需求信息共享，必须借助其他的契约如产能预定契约来揭示制造商的真实需求信息。

假设 $\mu$ 为公共信息，供应商与制造商之间仅仅通过批发价契约展开合作，供应商 $i$ 在需求实现前建立产能 $K_i$，$i=1, 2$，则制造商的利润 $\Pi_a$ 和各个供应商的利润 $\Pi_{s_1}$、$\Pi_{s_2}$ 如下所示：

$$\Pi_a = (r-w)E_\alpha[\min(\mu+\alpha, K_1, K_2)]$$
$$\Pi_{s_1} = (w_1-c_1)E_\alpha[\min(\mu+\alpha, K_1, K_2)] - ck_1K_1$$
$$\Pi_{s_2} = (w_2-c_2)E_\alpha[\min(\mu+\alpha, K_1, K_2)] - ck_2K_2$$

分别将 $\Pi_{s_1}$ 和 $\Pi_{s_2}$ 对 $K_1$ 和 $K_2$ 求导，我们可得两个供应商的最优产能决策如下：

$$K_1^* = K_2^* = \mu + \min\left(\bar{G}^{-1}\left(\frac{ck_1}{w_1-c_1}\right), \bar{G}^{-1}\left(\frac{ck_2}{w_2-c_2}\right)\right)$$

由上式可知，如果 $\mu$ 为制造商的私有信息，则制造商一定会夸大 $\mu$ 的值，使得供应商建立更多的产能。而供应商也会意识到制造商的这一意图，因此当 $\mu$ 为制造商的私有信息时，他们将不会相信制造商提供的有关 $\mu$ 的信息，仍然按照自己对 $\mu$ 的估计来决定产能的大小。因此，当 $\mu$ 为制造商的私有信息时，各个供应商的利润 $\Pi_{s_1}$、$\Pi_{s_2}$ 如下所示：

$$\Pi_{s_1} = (w_1-c_1)E[\min(\mu+\alpha, K_1, K_2)] - ck_1K_1$$
$$\Pi_{s_2} = (w_2-c_2)E[\min(\mu+\alpha, K_1, K_2)] - ck_2K_2$$

分别将 $\Pi_{s_1}$ 和 $\Pi_{s_2}$ 对 $K_1$ 和 $K_2$ 求导，我们可得两个供应商的最优产能决策如下：

$$K_1^* = K_2^* = \min\left(\bar{H}^{-1}\left(\frac{ck_1}{w_1-c_1}\right), \bar{H}^{-1}\left(\frac{ck_2}{w_2-c_2}\right)\right)$$

其中 $H(\cdot)$ 表示 $\mu+\alpha$ 的累计分布函数。从上式中我们发现 $K_1^*$ 和 $K_2^*$ 均与 $\mu$ 无关，这将会影响到每个成员的利益，具体而言，当 $\mu$ 比较大时，每个成员都会因为供应商产能有限而受损；当 $\mu$ 比较小时，供应商会因为产能过剩而受损，解决这一问题的最好方法就是实现需求信息共享（Özer 和 Wei，2006）。

为了促进本章所研究的装配系统实现需求信息共享，我们共提出了三种产能预定契约：非线性转移支付契约、线性转移支付契约和混合线性与非线性转移支付契约，下面我们将详细分析这三种契约。

## 第三节　非线性转移支付契约

该契约中各个体的决策顺序如下所示：① 供应商 1 提供一组契约菜单 $\{K(\mu), P_1(K(\mu))\}$ 给制造商选择，其中 $K(\mu)$ 表示供应商 1 提供的产能数量，$P_1(K(\mu))$ 表示供应商 1 向制造商提供 $K(\mu)$ 数量的产能时所得到的收入。② 供应商 2 在观察到供应商 1 提供给制造商的契约后，也提供一组契约菜单 $\{K(\mu), P_2(K(\mu))\}$ 给制造商选择，其中 $P_2(K(\mu))$ 表示供应商 2 向制造商提供 $K(\mu)$ 数量的产能时所得到的收入。③ 供应商从契约菜单 $\{K(\mu), P_1(K(\mu))\}$ 和 $\{K(\mu), P_2(K(\mu))\}$ 中分别选择一组契约 $\{K(\hat{\mu}), P_1(K(\hat{\mu}))\}$ 和 $\{K(\hat{\mu}), P_2(K(\hat{\mu}))\}$，即制造商显示的市场需求信息为 $\hat{\mu}$，$\hat{\mu}$ 可能不等于 $\mu$。④ 制造商分别支付给两个供应商 $P_1(K(\hat{\mu}))$ 和 $P_2(K(\hat{\mu}))$，两个

供应商都准备 $K(\hat{\mu})$ 单位数量的产能。⑤ 需求 $D$ 实现后，制造商分别向两个供应商订购 $\min(D,K(\hat{\mu}))$ 单位数量的零部件。

实际上，$P_1(K(\mu))$ 和 $P_2(K(\mu))$ 都应该是关于 $K(\mu)$ 的递增函数，这样才能保证制造商从两个供应商处预定相同数量的产能，供应商 1 和供应商 2 的最优机制设计应该满足这一性质。这一节的研究内容与 Kalkanci 和 Erhun(2012) 一文类似，但是由于我们在该文的基础上进一步地考虑了供应商的产能决策，这使得本节的研究内容更加复杂，而且所得到的结论也与该文有所不同。

供应商和制造商的利润函数分别如下所示：

制造商的利润函数：

$$\Pi_a(\hat{\mu}) = (r - w)E_\alpha[\min(\mu + \alpha, K(\hat{\mu}))] - P(K(\hat{\mu})) \tag{5-1}$$

供应商 1 的利润函数：

$$\Pi_{s_1}(\hat{\mu}) = (w_1 - c_1)E_\alpha[\min(\mu + \alpha, K(\hat{\mu}))] + P_1(K(\hat{\mu})) - ck_1K(\hat{\mu}) \tag{5-2}$$

供应商 2 的利润函数：

$$\Pi_{s_2}(\hat{\mu}) = (w_2 - c_2)E_\alpha[\min(\mu + \alpha, K(\hat{\mu}))] + P_2(K(\hat{\mu})) - ck_2K(\hat{\mu}) \tag{5-3}$$

其中，$w = w_1 + w_2, P(K(\hat{\mu})) = P_1(K(\hat{\mu})) + P_2(K(\hat{\mu}))$。

在本节中，我们假设 $c_i + ck_i - w_i \geqslant 0$，该假设条件保证供应商 2 通过产能预定所得的收入是其提供产能数量的递增函数，我们将在附录部分中对该假设条件的合理性进行解释。与 Kalkanci 和 Erhun(2012) 类似，在本节中为了防止非效率均衡解出现，我们只考虑 $c_i + ck_i - w_i \leqslant P_i'(K) \leqslant r - w_i - c_{-i} - ck_{-i}, i = 1, 2$ 的情况，该条件保证各个供应商的边际利润大于他们的总成本，同样，供应商 1 和供应商 2 的最优契约形式也应该满足这一性质。

我们将采用逆向归纳法来求解两个供应商的最优机制设计问题，我们先求解供应商 2 的最优契约形式，然后再解出供应商 1 的最优契约形式。供应商 2 提供契约的目的在于获得最大化的利润，同时揭示制造商的真实需求信息，因此供应商 2 的目标函数可以表示为：

$$\max_{P_2(\cdot),K(\cdot)} \int_{\underline{\mu}}^{\bar{\mu}} \{(w_2 - c_2)E_\alpha[\min(\mu + \alpha, K(\mu))] + P_2(K(\mu)) - ck_2K(\mu)\}\phi(\mu)\mathrm{d}\mu$$

$$\text{s.t.} \quad (r - w)E_\alpha[\min(\mu + \alpha, K(\mu))] - P(K(\mu)) \geqslant 0 \tag{5-4}$$

$$\begin{aligned}&(r - w)E_\alpha[\min(\mu + \alpha, K(\mu))] - P(K(\mu)) \geqslant \\ &(r - w)E_\alpha[\min(\mu + \alpha, K(\hat{\mu}))] - P(K(\hat{\mu}))\end{aligned} \tag{5-5}$$

式(5-4) 是个人理性约束(Individual Rationality Constraint, IR)，用来保证制造商的参与。式(5-5) 是激励相容约束(Incentive-compatibility Constraint, IC)，用来激励制造商揭示真实需求信息。

**引理 1** (1) 制造商揭示真实需求信息 $\mu$ 时，其获得的利润为 $\Pi_a(\mu) = (r - w)$

$\int_{\underline{\mu}}^{\mu} G(K(t)-t)\mathrm{d}t$；(2) $K(\mu)$ 是关于 $\mu$ 的递增函数。

**证明**：将 $\Pi_a(\hat{\mu})$ 分别对 $\hat{\mu}$ 求一阶导和二阶导可得：

$$\frac{\mathrm{d}\Pi_a(\hat{\mu})}{\mathrm{d}\hat{\mu}}=(r-w)[1-G(K(\hat{\mu})-\mu)]K'(\hat{\mu})-\frac{\mathrm{d}P(K(\hat{\mu}))}{\mathrm{d}\hat{\mu}}$$

$$\frac{\mathrm{d}^2\Pi_a(\hat{\mu})}{\mathrm{d}^2\hat{\mu}}=-(r-w)g(K(\hat{\mu})-\mu)(K'(\hat{\mu}))^2+(r-w)[1-G(K(\hat{\mu})-\mu)]K''(\hat{\mu})-\frac{\mathrm{d}^2P(K(\hat{\mu}))}{\mathrm{d}^2\hat{\mu}}$$

根据显示原理，在激励相容条件下，令 $\hat{\mu}=\mu$，则由式(5-5)可得：

$$(r-w)[1-G(K(\mu)-\mu)]K'(\mu)-\frac{\mathrm{d}P(K(\mu))}{\mathrm{d}\mu}=0 \tag{5-6}$$

$$-(r-w)g(K(\mu)-\mu)(K'(\mu))^2+(r-w)[1-G(K(\mu)-\mu)]K''(\mu)-\frac{\mathrm{d}^2P(K(\mu))}{\mathrm{d}^2\mu}\leqslant 0 \tag{5-7}$$

将式(5-6)左右两边都对 $\mu$ 求导可得：

$$-(r-w)g(K(\mu)-\mu)(K'(\mu)-1)K'(\mu)+(r-w)[1-G(K(\mu)-\mu)]K''(\mu)-\frac{\mathrm{d}^2P(K(\mu))}{\mathrm{d}^2\mu}=0 \tag{5-8}$$

由式(5-7)和式(5-8)我们可得 $K'(\mu)>0$。

由式(5-1)我们可知，制造商揭示真实需求信息 $\mu$ 时，其利润函数 $\Pi_a(\mu)$ 可以表示为：$\Pi_a(\mu)=(r-w)E_\alpha[\min(\mu+\alpha,K(\mu))]-P(K(\mu))$，将该式对 $\mu$ 求导可得：

$$\frac{\mathrm{d}\Pi_a(\mu)}{\mathrm{d}\mu}=(r-w)G(K(\mu)-\mu))+(r-w)[1-G(K(\mu)-\mu)]K'(\mu)-\frac{\mathrm{d}P(K(\mu))}{\mathrm{d}\mu}$$

由式(5-6)可得 $\frac{\mathrm{d}\Pi_a(\mu)}{\mathrm{d}\mu}=(r-w)G(K(\mu)-\mu))$，则 $\Pi_a(\mu)$ 可以表示为：

$$\Pi_a(\mu)=(r-w)\int_{\underline{\mu}}^{\mu}G(K(t)-t)\mathrm{d}t+\Pi_a(\underline{\mu})$$

由于供应商 2 可以通过提高 $P_2(K(\mu))$ 使得 $\mu=\underline{\mu}$ 时制造商的利润为 0，即 $\Pi_a(\underline{\mu})=0$，则 $\Pi_a(\mu)$ 最终可以表示为：

$$\Pi_a(\mu)=(r-w)\int_{\underline{\mu}}^{\mu}G(K(t)-t)\mathrm{d}t$$

由该式可得 $\Pi_a(\mu) \geqslant \Pi_a(\underline{\mu}) = 0$,因此式(5-4)一定成立。

下面我们证明 $K'(\mu) > 0$ 和 $\Pi_a(\mu) = (r-w)\int_{\underline{\mu}}^{\mu} G(K(t)-t)\mathrm{d}t$ 是式(5-5)成立的充分条件。由式(5-1)和 $\Pi_a(\mu) = (r-w)\int_{\underline{\mu}}^{\mu} G(K(t)-t)\mathrm{d}t$,我们可得:

$$\frac{\partial[\Pi_a(\hat{\mu}) - \Pi_a(\mu)]}{\partial\mu} = (r-w)[G(K(\hat{\mu})-\mu) - G(K(\mu)-\mu)]$$

因为 $K'(\mu) > 0$,则 $\mu < \hat{\mu}$ 时,$\frac{\partial[\Pi_a(\hat{\mu}) - \Pi_a(\mu)]}{\partial\mu} > 0$;$\mu > \hat{\mu}$ 时,$\frac{\partial[\Pi_a(\hat{\mu}) - \Pi_a(\mu)]}{\partial\mu} < 0$,因此 $\mu = \hat{\mu}$ 时,$\Pi_a(\hat{\mu}) - \Pi_a(\mu)$ 取得最大值为0,则 $\Pi_a(\hat{\mu}) \leqslant \Pi_a(\mu)$。

因此,引理1得证。

$\Pi_a(\mu)$ 可以解释为两个供应商为了揭示制造商的真实需求信息而支付给制造商的信息租金。从引理1中我们可以看出真实需求信息 $\mu$ 越大,制造商能够获得的信息租金越高。

令 $K^*(\mu)$ 表示供应商2的最优产能决策,则供应商1的目标函数可以表示为:

$$\begin{aligned}
&\max_{K^*(\cdot)}\int_{\underline{\mu}}^{\bar{\mu}}\{(w_1-c_1)E_\alpha[\min(\mu+\alpha,K^*(\mu))] + P_1(K^*(\mu)) - ck_1K^*(\mu)\}\\
&\quad\phi(\mu)\mathrm{d}\mu\\
&= \max_{K^*(\cdot)}\int_{\underline{\mu}}^{\bar{\mu}}\left\{\begin{array}{l}(r-c)E_\alpha[\min(\mu+\alpha,K^*(\mu))] - ckK^*(\mu)\\ -\overline{h_\phi}(\mu)(r-w)G(K^*(\mu)-\mu) - \Pi_2(\mu)\end{array}\right\}\phi(\mu)\mathrm{d}\mu
\end{aligned} \tag{5-9}$$

式(5-9)表示供应商1的利润等于系统总利润减去制造商的利润和供应商2的利润,其中 $\Pi_2(\mu)$ 等于供应商2的利润减去其支付给制造商的信息租金。

为了便于后面的分析,我们令 $\gamma_{seq}(K(\mu))$ 表示 $K(\mu) > \mu + \underline{\alpha}$ 时供应商1的目标函数关于 $K(\mu)$ 的一阶导数,$T_1(K(\mu))$ 和 $T_2(\mu)$ 分别表示 $K(\mu) > \mu + \underline{\alpha}$ 时和 $K(\mu) = \mu + \underline{\alpha}$ 时供应商1的目标函数值,$\gamma_{seq}(K(\mu))$,$T_1(K(\mu))$ 和 $T_2(\mu)$ 的表达式如下:

$$\begin{aligned}
\gamma_{seq}(K(\mu)) =& -ck + (w-c)[1 - G(K(\mu)-\mu)] + \overline{h_\phi}(\mu)(c_2 - w_2)\\
&g(K(\mu)-\mu) + (r-w)[1 - G(K(\mu)-\mu)][(1 - \overline{h_\phi}(\mu)h_g(K(\mu)-\mu))^2\\
&+ \overline{h_\phi}(\mu)\,\overline{h'_\phi}(\mu)h_g(K(\mu)-\mu) - \overline{h_\phi}^2(\mu)h'_g(K(\mu)-\mu)]
\end{aligned}$$

$$T_1(K(\mu))=(r-c)E_\alpha[\min(\mu+\alpha),K(\mu)]-ckK(\mu)-\overline{h_\phi}(\mu)(r-w)$$
$$G(K(\mu)-\mu)(1-\overline{h'_\phi}(\mu))-\overline{h_\phi}(\mu)(r-w_1-c_2)G(K(\mu)-\mu)-\overline{h_\phi}^2(\mu)$$
$$(r-w)g(K(\mu)-\mu)$$
$$T_2(\mu)=(r-c-ck)(\mu+\underline{\alpha})$$

其中，$c=c_1+c_2$，$ck=ck_1+ck_2$。

**命题 1**　供应商 1 的最优产能决策 $K_{seq}(\mu)$ 的具体形式如下：

$$\frac{w_2-c_2}{r-w}\leqslant 1\text{ 时}, K_{seq}(\mu)=\begin{cases}\mu+\underline{\alpha} & T_2(\mu)\geqslant T_1(\hat{K}(\mu))\text{ 或 }\gamma_{seq}(\mu+\underline{\alpha})\leqslant 0\\ \{\hat{K}(\mu):\gamma_{seq}(\hat{K}(\mu))=0\} & \text{其他}\end{cases}$$

否则，

$$K_{seq}(\mu)=\begin{cases}\mu+\underline{\alpha} & (1)\text{ 或}(2)。\\ \mu+h_g^{-1}(2h_\phi(\mu)) & (3)。\\ \arg\max\limits_{K(\mu)}T_1(K(\mu)),K(\mu)\in\{\hat{K}(\mu)\mid\gamma_{seq}(\hat{K}(\mu))=0\} & (4)\text{ 或}(5)。\end{cases}$$

条件(1) 至(5) 如下所示：

(1)$\gamma_{seq}(\mu+\underline{\alpha})\leqslant 0$ 且 $T_2(\mu)\geqslant\max\limits_{K(\mu)\in\hat{K}(\mu)}T_1(K(\mu))$。

(2)$\gamma_{seq}(\mu+\underline{\alpha})>0$ 且 $T_2(\mu)\geqslant\max(T_1(\mu+h_g^{-1}(2h_\phi(\mu))),\max\limits_{K(\mu)\in\hat{K}(\mu)}T_1(K(\mu)))$。

(3)$\gamma_{seq}(\mu+\underline{\alpha})>0$ 且 $T_1(\mu+h_g^{-1}(2h_\phi(\mu)))\geqslant\max(T_2(\mu),\max\limits_{K(\mu)\in\hat{K}(\mu)}T_1(K(\mu)))$。

(4)$\gamma_{seq}(\mu+\underline{\alpha})\leqslant 0$ 且 $\max\limits_{K(\mu)\in\hat{K}(\mu)}T_1(K(\mu))\geqslant T_2(\mu)$。

(5)$\gamma_{seq}(\mu+\underline{\alpha})>0$ 且 $\max\limits_{K(\mu)\in\hat{K}(\mu)}T_1(K(\mu))\geqslant\max(T_1(\mu+h_g^{-1}(2h_\phi(\mu))),T_2(\mu))$。

供应商通过提供产能所得收入的具体形式如下：

$$P(K_{seq}(\mu))=(r-w)\{E_\alpha[\min(\mu+\alpha,K_{seq}(\mu))]-\int_{\underline{\mu}}^{\mu}G(K_{seq}(t)-t)\,\mathrm{d}t\}$$

$$P_1(K_{seq}(\mu))=(r-w_1-c_2)E_\alpha[\min(\mu+\alpha,K_{seq}(\mu))]-ck_2K_{seq}(\mu)$$
$$-(r-w)\overline{h_\phi}(\mu)G(K_{seq}(\mu)-\mu)-\Pi_2(\mu)$$

$$\Pi_2(\mu)=\begin{cases}0 & K_{seq}(\mu)=\mu+\underline{\alpha},\\ \displaystyle\int_{\underline{\mu}}^{\bar{\mu}}\left\{\begin{array}{l}[(r-w_1-c_2)-\overline{h'_\phi}(t)(r-w)]G(K_{seq}(t)-t)\\+(r-w)\overline{h_\phi}(t)g(K_{seq}(t)-t)\end{array}\right\}\mathrm{d}t & \text{其他.}\end{cases}$$

证明见附录。

$\frac{w_2 - c_2}{r - w} \leqslant 1$ 时，命题 1 中的结论类似于 Kalkanci 和 Erhun（2012）中的定理 1。此时，当 $K(\mu) > \mu + \underline{\alpha}$ 时，供应商 1 的目标函数是关于 $K(\mu)$ 的单峰函数，令 $\hat{K}(\mu)$ 表示 $K(\mu) > \mu + \underline{\alpha}$ 时 $K(\mu)$ 的最优解，则我们只需要比较 $K(\mu) = \hat{K}(\mu)$ 和 $K(\mu) = \mu + \underline{\alpha}$ 两种情况下供应商 1 的利润，并令取得最大利润的 $K(\mu)$ 值为 $K_{seq}(\mu)$。实际上，我们可以将 Kalkanci 和 Erhun（2012）中的定理 1 看作本节命题 1 的一种特殊情况，这是因为他们没有考虑零部件的零售价，即 $w_1 = w_2 = w = 0$，同样满足条件 $\frac{w_2 - c_2}{r - w} \leqslant 1$。

$\frac{w_2 - c_2}{r - w} > 1$ 时，命题 1 中的结论不同于 Kalkanci 和 Erhun（2012）中的定理 1。此时，只有当 $0 \leqslant \overline{h_\phi}(\mu) h_g(K(\mu) - \mu) \leqslant 2$ 时，供应商 1 的目标函数是关于 $K(\mu)$ 的单峰函数。因此，类似于 Xu（2010），我们需要对供应商 1 的目标函数的所有极值点（我们用 $\hat{K}(\mu)$ 表示极值点的集合）和 $K(\mu)$ 的边界值点如 $K(\mu) = \mu + \underline{\alpha}$，$K(\mu) = \mu + h_g^{-1}(2h_\phi(\mu))$（由 $\overline{h_\phi}(\mu) h_g(K(\mu) - \mu) = 2$ 得到）进行比较，并令取得最大的供应商 1 的利润的 $K(\mu)$ 值为 $K_{seq}(\mu)$。具体来说，如果 $\gamma_{seq}(\mu + \underline{\alpha}) \leqslant 0$，$K(\mu) = \mu + \underline{\alpha}$ 时供应商 1 的利润一定高于 $K(\mu) = \mu + h_g^{-1}(2h_\phi(\mu))$ 时供应商 1 的利润，则我们只需要比较 $T_2(\mu)$ 和 $\max\limits_{K(\mu) \in \hat{K}(\mu)} T_1(K(\mu))$ 的值即可，这种情况对应着命题 1 中的条件（1）和（4）。如果 $\gamma_{seq}(\mu + \underline{\alpha}) > 0$，我们需要比较 $T_2(\mu)$、$T_1(\mu + h_g^{-1}(2h_\phi(\mu)))$ 和 $\max\limits_{K(\mu) \in \hat{K}(\mu)} T_1(K(\mu))$ 的值，这种情况对应着命题 1 中的条件（2）（3）和（5）。

值得说明的是，当 $K_{seq}(\mu) = \mu + \underline{\alpha}$ 时，$P_1(K_{seq}(\mu)) = (r - w_1 - c_2 - ck_2)(\mu + \underline{\alpha})$，$P_2(K_{seq}(\mu)) = (c_2 + ck_2 - w_2)(\mu + \underline{\alpha})$，每个供应商通过产能预定所得的收入与其提供的产能数量呈线性关系，而且供应商 1 的利润等于系统的总利润，供应商 2 和制造商的利润均为 0。当 $K_{seq}(\mu) > \mu + \underline{\alpha}$ 时，供应商 1、供应商 2 和制造商都会盈利，其中供应商 1 由产能预定所得的收入 $P_1(K_{seq}(\mu))$ 与 $\Pi_2(\mu)$ 相关，其原因在于：供应商 1 不仅需要激励制造商揭示真实需求信息，同时还需要促使供应商 2 提供相同数量的产能。否则，供应商 2 提供的产能数量可能少于供应商 1，从而造成供应商 1 的利润损失。

## 第四节　线性转移支付契约

该契约中各个体的决策顺序如下所示：① 制造商根据需求信息 $\mu$ 决定供应商 1 和供应商 2 的单位产能预定价格 $wa_1(\mu)$ 和 $wa_2(\mu)$。② 两个供应商分别根据 $wa_1(\mu)$ 和 $wa_2(\mu)$ 推断出真实需求信息 $\mu$，并决定各自的最优产能数量 $K_1(\mu)$ 和 $K_2(\mu)$。制造商分别向两个供应商支付 $wa_1(\mu)K_1(\mu)$ 和 $wa_2(\mu)K_2(\mu)$。③ 需求 $D$ 实现后，制造商向两个供应商采购 $\min(D,K_1(\mu),K_2(\mu))$ 单位数量的零部件。在该契约中，两个供应商同时进行决策，实际上，供应商之间先后决策或者同时决策对该契约下的最优解没有影响。

在该契约中，制造商故意夸大需求信息是一把双刃剑，一方面，该行为可以导致供应商建立更多的产能，对制造商有利；但是另一方面，制造商需要支付给供应商更多的产能预定费用，而且如果最终市场需求小于其预定的产能，将会给其带来一定的损失，利益权衡的结果保证了制造商将揭示其真实需求信息。

在该契约中，我们只考虑了制造商预定供应商所有产能的情况，而没有考虑制造商预定部分产能的情况，其原因如下：以供应商 2 为例，假设制造商决定供应商 2 的单位产能预定价格为 $wa_2'(\mu)$，供应商 2 准备 $K_2'(\mu)$ 单位数量的产能且 $K_2'(\mu) \geqslant K_2(\mu)$，制造商只向供应商 2 预定 $K_2(\mu)$ 单位数量的产能。显然，为了激励供应商 2 建立 $K_2'(\mu)$ 单位数量的产能，$wa_2'(\mu) \geqslant wa_2(\mu)$ 必须成立（由该节中的引理 2 可以得到该结论）。此情形下，制造商需要支付给供应商 2 的金额为 $wa_2'(\mu)K_2(\mu)$，而制造商预定供应商所有产能时，制造商只需要支付 $wa_2(\mu)K_2(\mu)$ 给供应商 2，显然 $wa_2'(\mu)K_2(\mu) \geqslant wa_2(\mu)K_2(\mu)$，因此制造商只会预定供应商的所有产能。

供应商和制造商的利润函数分别如下所示：

制造商的利润函数：

$$\Pi_a(\mu) = (r - w)E_\alpha[\min(\mu + \alpha, K_1(\mu), K_2(\mu))] - wa_1(\mu)K_1(\mu) - wa_2(\mu)K_2(\mu)$$

供应商 1 的利润函数：

$$\Pi_{s_1}(\mu) = (w_1 - c_1)E_\alpha[\min(\mu + \alpha, K_1(\mu), K_2(\mu))] + wa_1(\mu)K_1(\mu) - ck_1K_1(\mu)$$

供应商 2 的利润函数：

$$\Pi_{s_2}(\mu) = (w_2 - c_2)E_\alpha[\min(\mu + \alpha, K_1(\mu), K_2(\mu))] + wa_2(\mu)K_2(\mu) - ck_2K_2(\mu)$$

一般来说，信号博弈模型存在两种均衡情况：分离均衡和混合均衡。由于本章只考虑信息共享的情况，而且 Kong 等（2013）认为混合均衡在许多情况下都不存在，因此我们只考虑分离均衡的情况。

**引理 2**　在分离均衡中，两个供应商建立的产能相等，$K^*(\mu)$ 表示供应商的产能，则 $K^*(\mu) = \mu + \bar{G}^{-1}\left(\dfrac{ck_1 - wa_1(\mu)}{w_1 - c_1}\right) = \mu + \bar{G}^{-1}\left(\dfrac{ck_2 - wa_2(\mu)}{w_2 - c_2}\right)$，$\dfrac{ck_1 - wa_1(\mu)}{w_1 - c_1}$

$$=\frac{ck_2-wa_2(\mu)}{w_2-c_2}。$$

**证明**：在分离均衡中，供应商根据制造商的产能预定价格能够推测出 $\mu$ 的真实值。供应商 1 在接受制造商的单位产能预定价格 $wa_1(\mu)$ 后，通过求解最优化问题 $\max\limits_{K_1(\cdot)}\Pi_{s_1}(\mu)$ 来进行产能决策。由式(5-11) 可知，如果 $wa_1(\mu)\geqslant ck_1$，则 $\Pi_{s_1}(\mu)$ 是关于 $K_1(\mu)$ 的递增函数，供应商 1 一定会尽可能多地建立产能，这样会导致制造商支付高额的产能预定费用，因此，制造商在决定 $wa_1(\mu)$ 时只会考虑 $wa_1(\mu)<ck_1$ 的情况。本节中两个供应商之间的产能博弈类似于 Wang 和 Gerchak（2004）研究的由制造商主导的斯坦伯格博弈，参考该文的结论，我们可得：

$$K^*(\mu)=K_1^*(\mu)=K_2^*(\mu)=\min\left(\mu+\bar{G}^{-1}\left(\frac{ck_1-wa_1(\mu)}{w_1-c_1}\right),\mu+\bar{G}^{-1}\left(\frac{ck_2-wa_2(\mu)}{w_2-c_2}\right)\right)$$

下面我们证明 $\frac{ck_1-wa_1(\mu)}{w_1-c_1}=\frac{ck_2-wa_2(\mu)}{w_2-c_2}$，如果 $\frac{ck_1-wa_1(\mu)}{w_1-c_1}>\frac{ck_2-wa_2(\mu)}{w_2-c_2}$，则 $K^*(\mu)=\min\left(\mu+\bar{G}^{-1}\left(\frac{ck_1-wa_1(\mu)}{w_1-c_1}\right)\right)$，此时，制造商可以通过降低 $wa_2(\mu)$ 使得 $\frac{ck_2-wa_2(\mu)}{w_2-c_2}=\frac{ck_1-wa_1(\mu)}{w_1-c_1}$，这样在不改变 $K^*(\mu)$ 的值的情况下，提高了制造商的利润。$\frac{ck_1-wa_1(\mu)}{w_1-c_1}<\frac{ck_2-wa_2(\mu)}{w_2-c_2}$ 时，制造商同样可以采用此方法来提高自身的利润。因此，$\frac{ck_1-wa_1(\mu)}{w_1-c_1}=\frac{ck_2-wa_2(\mu)}{w_2-c_2}$。

因此，引理 2 得证。

**命题 2**　两个供应商的单位产能预定价格的具体形式如下：

$$\left[\frac{c-r}{w_1-c_1}wa_1(\mu)+\frac{r-w_1-c_2}{w_1-c_1}ck_1-ck_2\right]\left[1+\frac{1}{w_1-c_1}\frac{1}{g(\beta(\mu))}\frac{\mathrm{d}wa_1(\mu)}{\mathrm{d}\mu}\right]-\frac{\mathrm{d}wa_1(\mu)}{\mathrm{d}\mu}\frac{w-c}{w_1-c_1}(\mu+\beta(\mu))=0$$

$$wa_2(\mu)=ck_2-\frac{w_2-c_2}{w_1-c_1}ck_1+\frac{w_2-c_2}{w_1-c_1}wa_1(\mu)$$

其中，$\beta(\mu)=\bar{G}^{-1}\left(\frac{ck_1-wa_1(\mu)}{w_1-c_1}\right)=\bar{G}^{-1}\left(\frac{ck_2-wa_2(\mu)}{w_2-c_2}\right)$。

供应商 $i$ 知道制造商的单位产能预定价格 $wa_i(\mu)$ 后，按照以下形式来推测 $\mu$ 的值：

$$\mu(wa_i)=\begin{cases}\underline{\mu}, & wa_i \leqslant wa_i(\underline{\mu}),\\ \mu, & wa_i(\underline{\mu}) < wa_i < wa_i(\bar{\mu}),\\ \bar{\mu}, & wa_i \geqslant wa_i(\bar{\mu}).\end{cases}$$

**证明**:假设真实需求信息为$\mu$ 时,制造商决定的供应商1和供应商2的单位产能预定价格分别为$wa_1(\hat{\mu})$ 和$wa_2(\hat{\mu})$,则供应商推测制造商的需求信息为$\hat{\mu}$,并建立$K^*(\hat{\mu})$ 单位数量的产能。此时,制造商的利润为:

$$\Pi_a(\mu,\hat{\mu})=(r-w)E_\alpha[\min(\mu+\alpha,K^*(\hat{\mu}))]-(wa_1(\hat{\mu})+wa_2(\hat{\mu}))K^*(\hat{\mu})$$

在分离均衡中,真实需求信息为$\mu$ 时,制造商的最优决策应为$wa_1(\mu)$ 和$wa_2(\mu)$,因此,我们可得:

$$\begin{aligned}\left.\frac{\mathrm{d}\Pi_a(\mu,\hat{\mu})}{\mathrm{d}\hat{\mu}}\right|_{\hat{\mu}=\mu} &= [(r-w)(1-G(K^*(\mu)-\mu))-(wa_1(\mu)+wa_2(\mu))]\\ &\quad \frac{\mathrm{d}K^*(\mu)}{\mathrm{d}\mu}-\frac{\mathrm{d}(wa_1(\mu)+wa_2(\mu))}{\mathrm{d}\mu}K^*(\mu)\\ &= [(r-w)\frac{ck_1-wa_1(\mu)}{w_1-c_1}-(wa_1(\mu)+wa_2(\mu))](1+\frac{\mathrm{d}\beta(\mu)}{\mathrm{d}\mu})-\\ &\quad \frac{\mathrm{d}(wa_1(\mu)+wa_2(\mu))}{\mathrm{d}\mu}(\mu+\beta(\mu))\\ &= 0\end{aligned} \tag{5-10}$$

由引理2我们可得$wa_2(\mu)=ck_2-\frac{w_2-c_2}{w_1-c_1}ck_1+\frac{w_2-c_2}{w_1-c_1}wa_1(\mu)$,将该式和$\beta(\mu)$的表达式代入式(5-10)中,$\left.\frac{\mathrm{d}\Pi_a(\mu,\hat{\mu})}{\mathrm{d}\hat{\mu}}\right|_{\hat{\mu}=\mu}$ 可以转化为:

$$\begin{aligned}\left.\frac{\mathrm{d}\Pi_a(\mu,\hat{\mu})}{\mathrm{d}\hat{\mu}}\right|_{\hat{\mu}=\mu} &= \left(\frac{c-r}{w_1-c_1}wa_1(\mu)+\frac{r-w_1-c_2}{w_1-c_1}ck_1-ck_2\right)\\ &\quad \left(1+\frac{1}{w_1-c_1}\frac{1}{g(\beta(\mu))}\frac{\mathrm{d}wa_1(\mu)}{\mathrm{d}\mu}\right)-\frac{\mathrm{d}wa_1(\mu)}{\mathrm{d}\mu}\frac{w-c}{w_1-c_1}(\mu+\beta(\mu))\\ &= 0\end{aligned}$$

因此,命题2得证。

命题2与命题1的不同之处在于:该命题中,两个供应商通过产能预定所得到的收入不存在相关关系,这是因为在线性转移支付契约下,两个供应商同时进行决策,每个供应商都无法观察到另一个供应商的决策。遗憾的是 $wa_1(\mu)$ 的表达式中存在 $\frac{\mathrm{d}wa_1(\mu)}{\mathrm{d}\mu}$，导致我们无法求出 $wa_1(\mu)$ 的解析形式，我们只能通过数值分析来得到 $wa_1(\mu)$ 的数值解。另外，类似于引理1，为了保证制造商主动揭示真实需求信息 $\mu$，$K^*(\mu)$ 必须为 $\mu$ 的递增函数，由于 $K^*(\mu)=\mu+\bar{G}^{-1}\left(\frac{ck_1-wa_1(\mu)}{w_1-c_1}\right)$，我们也无法求出 $K^*(\mu)$ 的解析形式，因此我们只能通过数值分析来验证 $K^*(\mu)$ 是否为关于 $\mu$ 的递增函数。

## 第五节　混合线性与非线性转移支付契约

本节中，供应商1采用第三节中的非线性转移支付契约来甄别制造商的需求信息，而制造商采用第四节中的线性转移支付契约主动向供应商2揭示需求信息，各个体之间的决策顺序如下：① 供应商1提供一组契约菜单 $\{K(\mu),P_1(K(\mu))\}$ 给制造商选择，其中 $K(\mu)$ 表示供应商1提供的产能数量，$P_1(K(\mu))$ 表示供应商1向制造商提供 $K(\mu)$ 数量的产能时所得到的收入。② 制造商选择一组契约 $\{K(\hat{\mu}),P_1(K(\hat{\mu}))\}$，并决定供应商2的单位产能预定价格 $wa_2(\hat{\mu})$，此时，制造商显示的市场需求信息为 $\hat{\mu}$，$\hat{\mu}$ 可能不等于 $\mu$。③ 供应商1和供应商2分别建立 $K_1(\hat{\mu})$ 和 $K_2(\hat{\mu})$ 单位数量的产能，制造商分别支付给两个供应商 $P_1(K_1(\hat{\mu}))$ 和 $wa_2(\hat{\mu})K_2(\hat{\mu})$。④ 需求 $D$ 实现后，制造商分别向两个供应商采购 $\min(D,K_1(\hat{\mu}),K_2(\hat{\mu}))$ 单位数量的零部件。本节中，我们假设 $c_2+ck_2-w_2\geqslant 0$，该假设条件用来保证供应商2的产能预定价格大于0，我们将在附录部分中对该假设条件的合理性进行解释。

**引理3**　在混合契约中，两个供应商建立的产能相等，即 $K_1(\hat{\mu})=K_2(\hat{\mu})=K(\hat{\mu})$。

**证明：**该引理的证明过程与引理2类似，因此不再赘述。

结合引理3，我们可得供应商和制造商的利润函数分别如下：

制造商的利润函数：

$$\Pi_a(\hat{\mu})=(r-w)E_\alpha[\min(\mu+\alpha,K(\hat{\mu}))]-P_1(K(\hat{\mu}))-wa_2(\hat{\mu})K(\hat{\mu}) \tag{5-11}$$

供应商1的利润函数：

$$\Pi_{s_1}(\hat{\mu})=(w_1-c_1)E_\alpha[\min(\mu+\alpha,K(\hat{\mu}))]+P_1(K(\hat{\mu}))-ck_1K(\hat{\mu}) \tag{5-12}$$

供应商2的利润函数：

$$\Pi_{s_2}(\hat{\mu})=(w_2-c_2)E_\alpha[\min(\mu+\alpha,K(\hat{\mu}))]+wa_2(\hat{\mu})K(\hat{\mu})-ck_2K(\hat{\mu}) \tag{5-13}$$

本节中同时考虑了信息甄别模型和信号博弈模型，同第四节一样，我们只考虑分离均衡的情况。

供应商 1 提供契约的目的在于获得最大化的利润，同时揭示制造商的真实需求信息，因此供应商 1 的目标函数可以表示为：

$$\max_{P_1(\cdot),K(\cdot)} \int_{\underline{\mu}}^{\bar{\mu}} \{(w_1 - c_1)E_\alpha[\min(\mu + \alpha, K(\mu))] + P_1(K(\mu)) - ck_1K(\mu)\}\phi(\mu)\mathrm{d}\mu$$

$$\text{s.t. } (r - w)E_\alpha[\min(\mu + \alpha, K(\mu))] - P_1(K(\mu)) - wa_2(\mu)K(\mu) \geqslant 0 \quad (5\text{-}14)$$

$$(r - w)E_\alpha[\min(\mu + \alpha, K(\mu))] - P_1(K(\mu)) - wa_2(\mu)K(\mu)$$
$$\geqslant (r - w)E_\alpha[\min(\mu + \alpha, K(\hat{\mu}))] - P_1(K(\hat{\mu})) - wa_2(\hat{\mu})K(\hat{\mu}). \quad (5\text{-}15)$$

同第三节一样，式(5-14) 是个人理性约束(Individual Rationality Constraint, IR)，式(5-15) 是激励相容约束(Incentive-Compatibility Constraint, IC)。

**引理 4**　在分离均衡中，供应商 2 的产能决策为

$$K^*(\mu) = \mu + \bar{G}^{-1}\left(\frac{ck_2 - wa_2(\mu)}{w_2 - c_2}\right)。$$

**证明**：将式(5-13) 对 $K(\hat{\mu})$ 进行求导便可得到该结论，因此不再赘述。

同第三节一样，为了便于后面的分析，我们令 $\gamma_{seq}(K(\mu))$ 表示 $K(\mu) > \mu + \underline{\alpha}$ 时供应商 1 的目标函数关于 $K(\mu)$ 的一阶导数，$\gamma_{seq}(K(\mu))$ 的表达式如下所示：

$$\gamma_{seq}(K(\mu)) = (r - c)[1 - G(K(\mu) - \mu)][1 - \overline{h_\phi}(\mu)\frac{r - w}{r - c}h_g(K(\mu) - \mu)) - \frac{w_2 - c_2}{r - c}h_g(K(\mu) - \mu))K(\mu)] - ck$$

**命题 3**　供应商 1 的最优产能决策 $K_{seq}(\mu)$ 的具体形式如下：

$$K_{seq}(\mu) = \begin{cases} \mu + \underline{\alpha} & \gamma_{seq}(\mu + \underline{\alpha}) \leqslant 0, \\ \{K: \gamma_{seq}(K) = 0\} & \text{其他}. \end{cases}$$

供应商 2 的单位产能预定价格和供应商 1 通过产能预定得到的收入分别为：

$$wa_2(\mu) = ck_2 - (w_2 - c_2)[1 - G(K_{seq}(\mu) - \mu)]$$

$$P_1(K_{seq}(\mu)) = (r - w)\{E_\alpha[\min(\mu + \alpha, K_{seq}(\mu))] - \int_{\underline{\mu}}^{\mu} G(K_{seq}(t) - t)\mathrm{d}t\}$$
$$- wa_2(\mu)K_{seq}(\mu)$$

供应商 2 知道制造商的单位产能预定价格 $wa_2(\mu)$ 后，按照以下形式来推测 $\mu$ 的值：

$$\mu(wa_i) = \begin{cases} \underline{\mu}, wa_2 \leqslant wa_2(\underline{\mu}), \\ \mu, wa_2(\underline{\mu}) < wa_2 < wa_2(\bar{\mu}), \\ \bar{\mu}, wa_2 \geqslant wa_2(\bar{\mu}). \end{cases}$$

证明见附录。

从命题 3 中可以看出 $K_{seq}(\mu)=\mu+\underline{\alpha}$ 时，$P_1(K_{seq}(\mu))=(r-w_1-c_2-ck_2)(\mu+\underline{\alpha})$，$wa_2(\mu)=c_2+ck_2-w_2$，供应商 1 的利润等于系统总利润，该现象在命题 1 中也存在。当 $K_{seq}(\mu)>\mu+\underline{\alpha}$ 时，$P_1(K_{seq}(\mu))$ 是关于 $wa_2(\mu)$ 的函数，这是因为：供应商 1 为了将 $K_{seq}(\mu)$ 单位数量的产能卖给制造商，需要保证制造商能够以 $wa_2(\mu)$ 的价格来预定供应商 2 的产能，否则供应商 2 建立的产能可能低于 $K_{seq}(\mu)$，从而给供应商 1 带来损失。

## 第六节　数值算例

本节中，我们通过数值试验来比较本章所提出的三种契约中各成员的期望利润和系统总利润。与 Özer 和 Wei(2006) 一样，我们假设 $\mu$ 和 $\alpha$ 都服从均匀分布，而且我们只考虑 $\frac{w_2-c_2}{r-w}\leqslant 1$ 这种情况，这是因为我们发现如果 $\frac{w_2-c_2}{r-w}>1$，在非线性转移支付契约中，制造商会向每个供应商预定 $\mu+\underline{\alpha}$ 单位数量的产能，这样供应商 1 总是会获得整个系统的利润，我们无法通过比较来得到一些有用的结论。数值算例中的参数设置如下：$c_1=4$，$c_2=6$，$ck_1=3$，$ck_2=4$，$w_1=5$，$w_2=8$，$r=20$，$\mu\sim U[\underline{\mu},\bar{\mu}]$，$\alpha\sim U[-\delta,\delta]$。我们考虑了 $\mu\sim U[10,50]$，$\mu\sim U[60,100]$ 和 $\mu\sim U[110,150]$ 三种情况，这三种情况分别对应着低需求、中等需求和高需求。同 Kalkanci 和 Erhun(2012) 一样，我们不考虑 $\alpha>90\%\mu$ 的情况，如 $\mu\sim U[60,100]$ 时，我们只考虑 $1\leqslant\delta\leqslant 54$ 的情况。

我们首先验证线性转移支付契约中供应商的产能 $K^*(\mu)$ 是否为 $\mu$ 的递增函数，图 5-1(a)，5-1(b) 和 5-1(c) 分别表示 $\mu\sim U[10,50]$，$\mu\sim U[60,100]$ 和 $\mu\sim U[110,150]$（需求较低、需求中等、需求较高）三种情况中 $K^*(\mu)$ 与 $\mu$ 的关系。从图 5-1 中，我们可以看出 $K^*(\mu)$ 是关于 $\mu$ 的递增函数。此外我们还观察到 $\delta$ 给定时，在 $\mu$ 的某段范围内 $K^*(\mu)$ 可能并不存在，这是因为制造商为了使得供应商相信其提供的信息，需要支付给供应商较高的单位产能预定费用，但是这样会使得制造商有时候会无利可图。而且，我们发现随着 $\delta$ 的增加，这种情况发生的几率越大，因此我们认为线性转移支付契约存在一个关于 $\mu$ 的适用区间。

图 5-2(a)，5-2(b) 和 5-2(c) 分别表示 $\mu\sim U[10,50]$，$\mu\sim U[60,100]$ 和 $\mu\sim U[110,150]$ 三种情况中线性转移支付契约关于 $\mu$ 的适用区间，该区间在图中标示为阴影区域。从图 5-2 中，我们可以看出 $\delta$ 给定时，只有当 $\mu$ 大于某个特定值时，线性转移支付契约才有效，但是我们无法用数学表达式来表示该特定值。

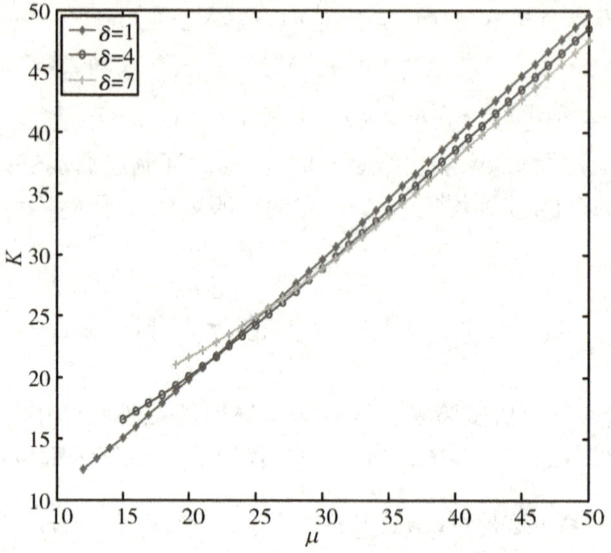
δ=1
δ=4
δ=7
K
μ
10
15
20
25
30
35
40
45
50

（a）

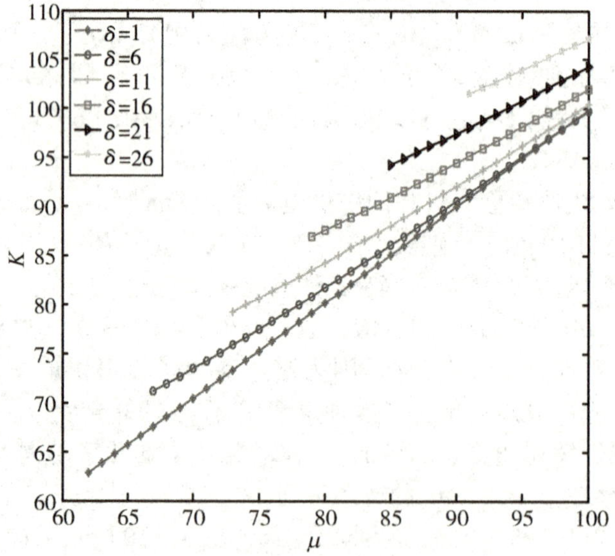
δ=1
δ=6
δ=11
δ=16
δ=21
δ=26
K
μ
60
65
70
75
80
85
90
95
100
105
110

（b）

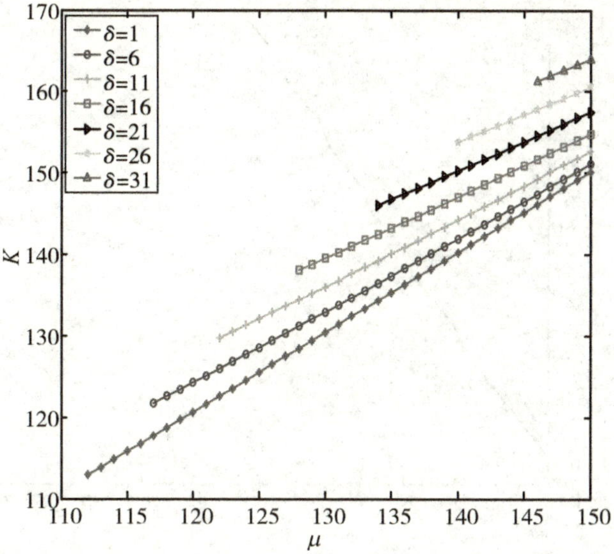


(c)

图 5-1 线性转移支付契约中 $K^*(\mu)$ 与 $\mu$ 的关系

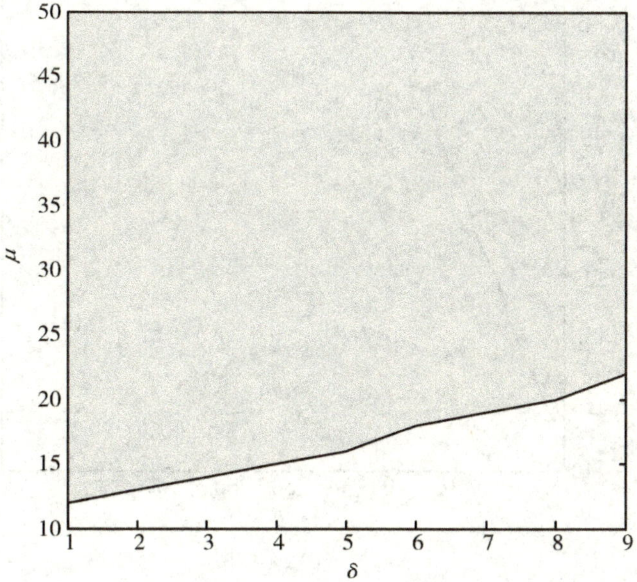


(a)

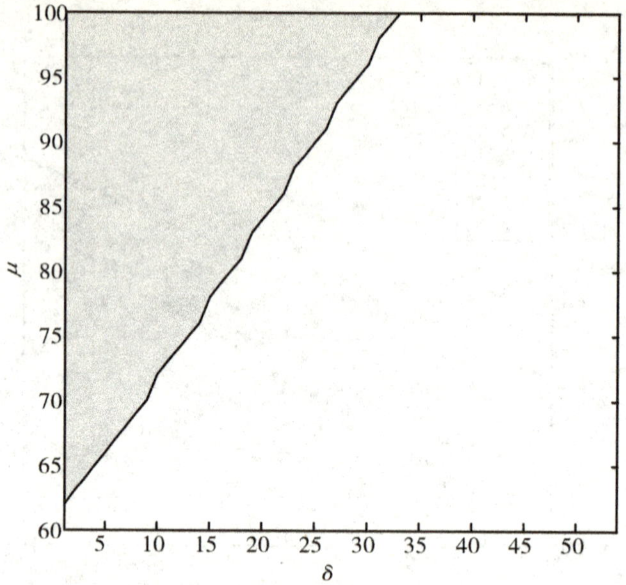


(b)

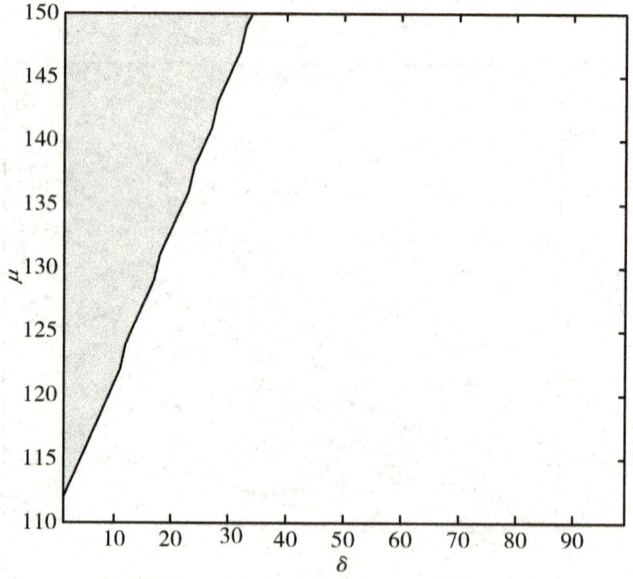


(c)

图 5-2　线性转移支付契约关于 $\mu$ 的适用区间

## 一、制造商期望利润比较

图 5-3(a),5-3(b) 和 5-3(c) 分别表示$\mu \sim U[10,50]$,$\mu \sim U[60,100]$ 和$\mu \sim U[110,150]$ 三种情况中不同的产能预定契约下制造商的期望利润,从图 5-3 中,我们可以看出制造商在线性转移支付契约或者混合契约下获得最高的期望利润。这是因为当线性转移支付契约有效时,制造商作为博弈的领导者,拥有决定两个供应商的单位产能预定价格的权力,因此,制造商在该契约下能够获得最高的期望利润。当线性转移支付契约无效时,在混合契约中,制造商能够决定供应商 2 的单位产能预定价格,而在非线性转移支付契约中,制造商只能决定是否接受两个供应商提供的契约菜单,因此,相对于非线性转移支付契约而言,混合契约更偏向于选择混合契约。

## 二、供应商 1 期望利润比较

图 5-4(a),5-4(b) 和 5-4(c) 分别表示$\mu \sim U[10,50]$,$\mu \sim U[60,100]$ 和$\mu \sim U[110,150]$ 三种情况中不同的产能预定契约下供应商 1 的期望利润,从图 5-4 中,我们可以看出供应商 1 在混合契约下获得最高的期望利润。这是因为供应商 1 在非线性转移支付契约和混合契约中都是博弈的领导者,拥有最高的定价权。在非线性转移支付契约中,供应商 1 不仅需要激励制造商揭示真实需求信息,同时需要激励供应

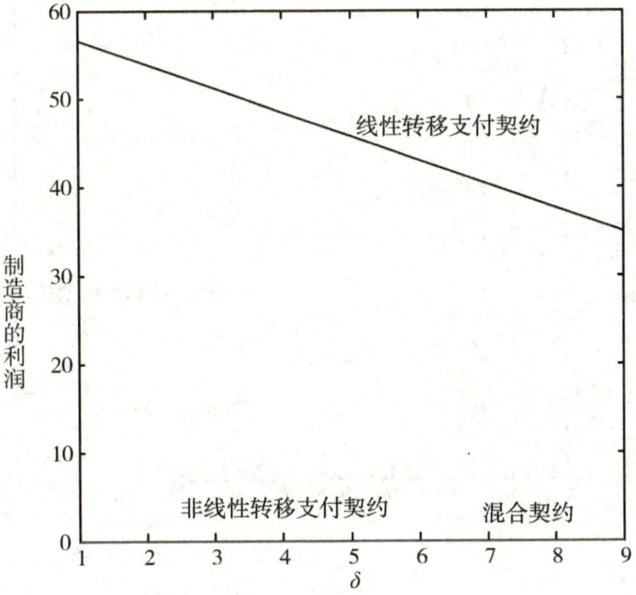


(a)

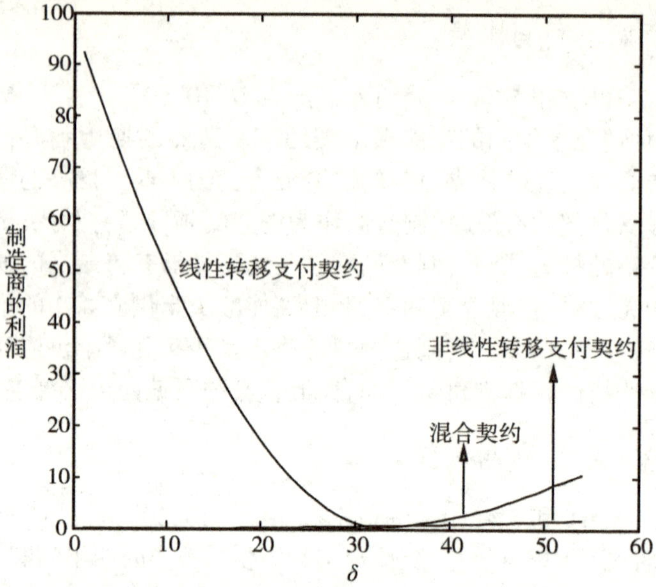


（b）

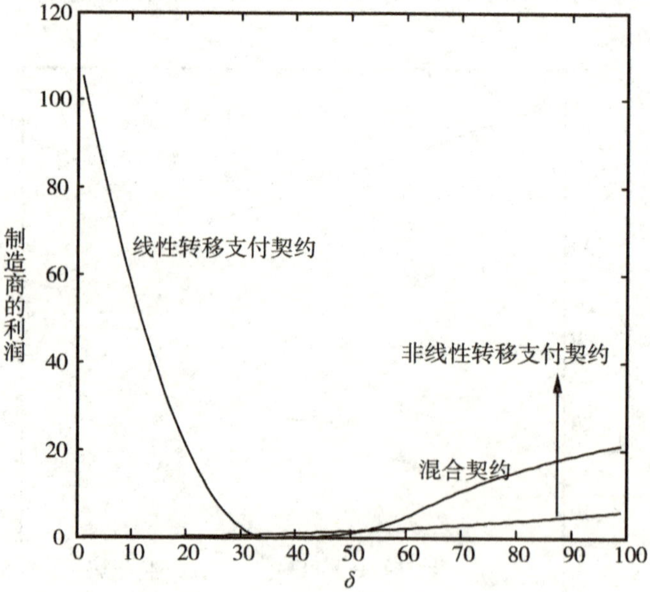


（c）

图 5-3　制造商期望利润比较

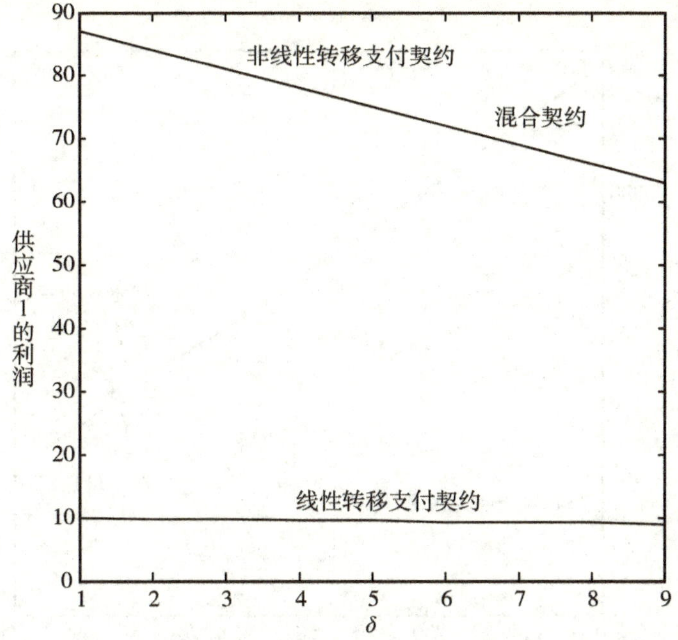

非线性转移支付契约
混合契约
线性转移支付契约
供应商1的利润
δ


(a)

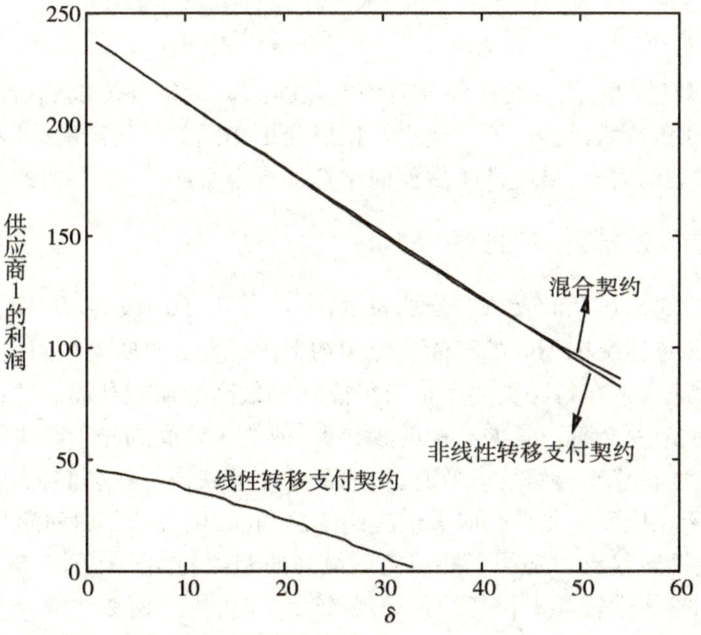

混合契约
非线性转移支付契约
线性转移支付契约
供应商1的利润
δ


(b)

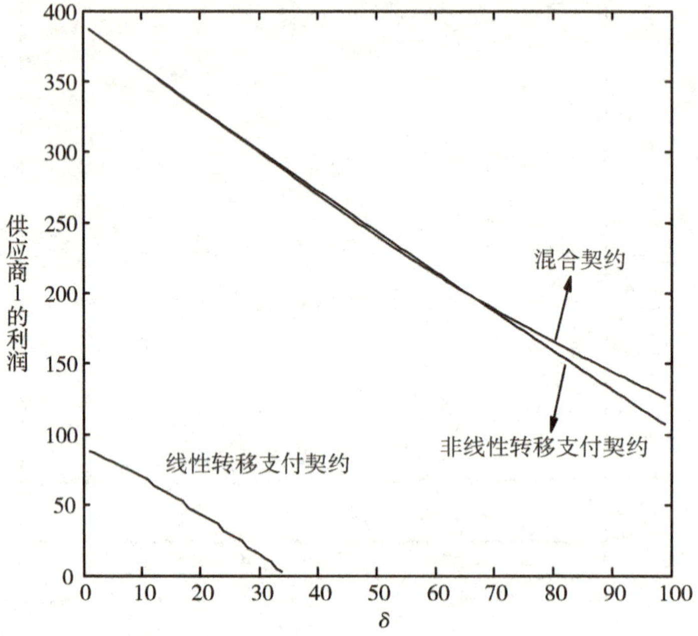


(c)

图 5-4　供应商 1 期望利润比较

商2建立相等数量的产能。而在混合契约中,供应商1只需要激励制造商揭示真实需求信息,制造商负责激励供应商 2 建立与供应商 1 相同数量的产能。因此,相对于非线性转移支付契约而言,供应商 1 更偏向于选择混合契约。

## 三、供应商 2 期望利润比较

图 5-5(a),5-5(b) 和 5-5(c) 分别表示 $\mu \sim U[10,50]$,$\mu \sim U[60,100]$ 和 $\mu \sim U[110,150]$ 三种情况中不同的产能预定契约下供应商 2 的期望利润,从图 5-5 中,我们可以看出供应商 2 在每种契约下都有可能获得最高的期望利润。这是因为无论在哪种契约下,供应商 2 都不是博弈中的领导者,他的决策受到先于其决策的其他成员的影响。当线性转移支付契约有效时,供应商 2 能够获得一些利润,而此时在另外两种契约中,由于供应商 1 几乎获取了供应链的总利润,供应商 2 的利润几乎为 0,因此供应商 2 在线性转移支付契约下能够获得最高的期望利润。在图 5-5(b) 和 5-5(c) 中我们观察到当线性转移支付契约无效($\delta$ 较大) 时,供应商 2 在混合契约下的期望利润有可能高于他在非线性转移支付契约下的期望利润。这是因为 $\delta$ 较大时,在混合契约中,制造商需要支付给供应商 2 较高的单位产能预定价格来激励其建立更多

的产能,而在非线性转移支付契约中,供应商 1 和供应商 2 需要支付给制造商更多的信息租金来激励制造商揭示真实信息。

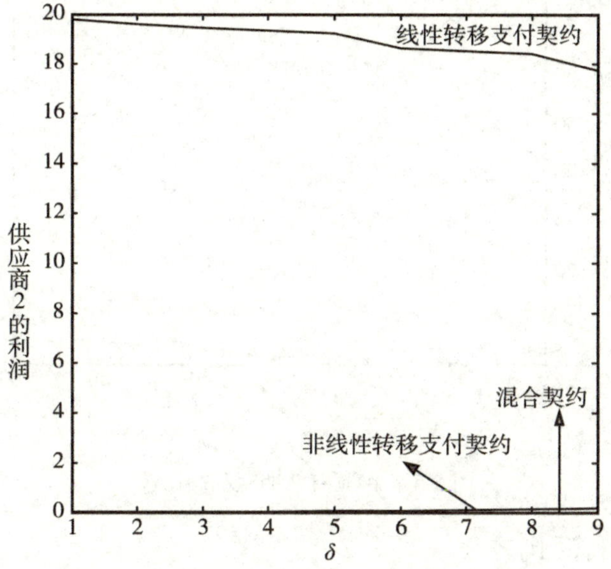


(a)

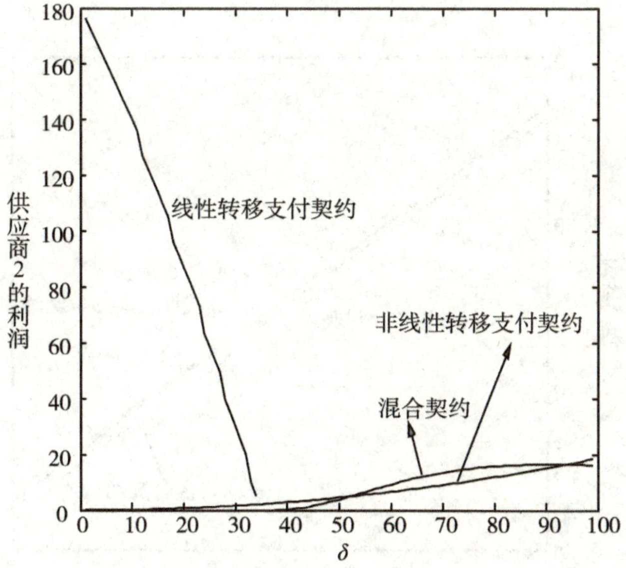


(b)

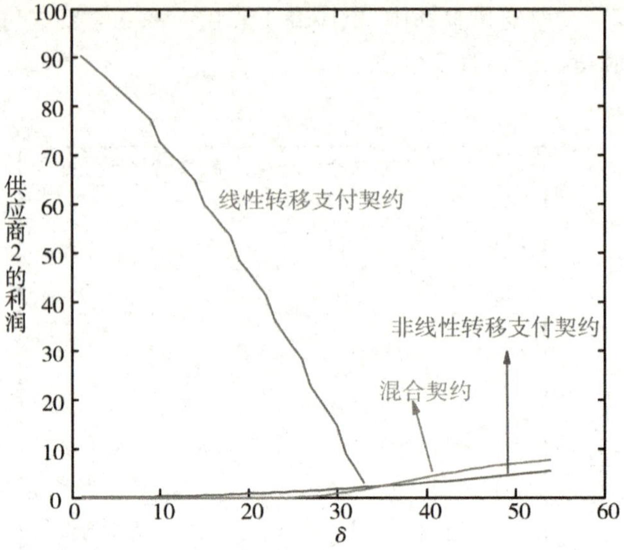


(c)

图 5-5　供应商 2 期望利润比较

## 四、系统总利润比较

图 5-6(a),5-6(b) 和 5-6(c) 分别表示 $\mu \sim U[10,50]$,$\mu \sim U[60,100]$ 和 $\mu \sim U[110,150]$ 三种情况中不同的产能预定契约下系统的总利润,从图 5-6 中,我们可

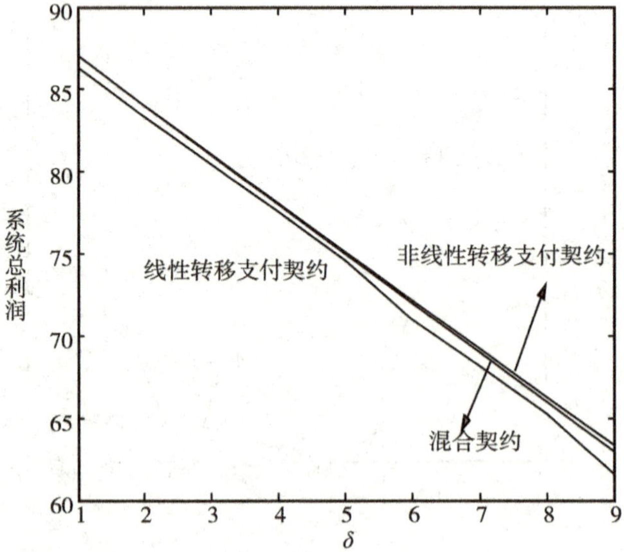


(a)

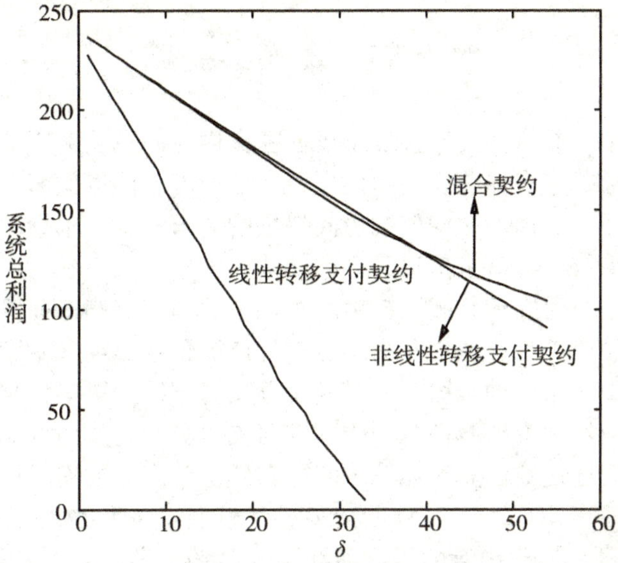


(b)

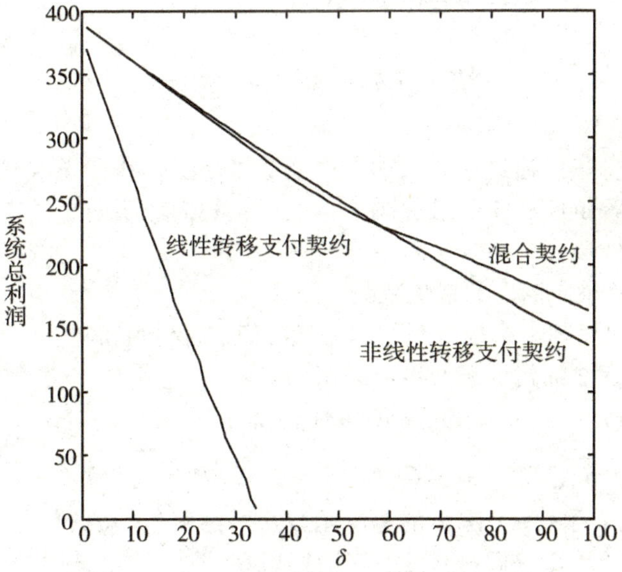


(c)

图 5-6　系统总利润比较

以看出装配系统在非线性转移支付契约或者混合契约中获得最高的利润。这是因为在这三种产能预定契约中,只有线性转移支付契约存在一个关于 $\mu$ 的适用区间,而其他两种契约在 $\mu$ 的整个区间内都适用。

## 第七节　本章小结

在装配系统中，制造商由于接近市场往往比供应商更了解市场需求情况，制造商往往会夸大需求信息来促使供应商建立更多的产能，而供应商也意识到制造商夸大需求信息的意图，从而不会相信制造商提供的需求信息，本章从这一实际问题出发，研究了装配系统中的需求信息共享问题。

具体而言，本章研究的装配系统由两个供应商和一个制造商组成，其中制造商的需求信息为其私有信息，我们共提出了三种产能预定契约来激励该制造商揭示真实需求信息。其中，第一种契约为非线性转移支付契约，第二种契约为线性转移支付契约，第三种契约为混合线性与非线性转移支付契约。我们首先求解了每种契约的具体形式，然后通过数值算例比较了三种契约下各个体的期望利润和系统的总利润，我们得到了以下几点结论：① 制造商在线性转移支付契约或者混合契约下获得最高的期望利润。② 先决策的供应商在混合契约下获得最高的期望利润。③ 后决策的供应商在每种契约下都有可能获得最高的期望利润。④ 装配系统在非线性转移支付契约或者混合契约中获得最高的利润。

## 第八节　补充材料

**命题 1 证明**：我们通过逆向归纳法来证明该命题，我们先求解供应商 2 的最优决策，然后再求解供应商 1 的最优决策，最后，我们证明两个供应商的均衡解满足第三节中提到的性质。

**步骤 1：求解供应商 2 的最优决策**

供应商 2 的利润等于系统总利润减去供应商 1 的利润和制造商的利润，结合引理 1，我们可知供应商 2 的目标函数可以表示为：

$$\max_{K(\cdot)}\int_{\underline{\mu}}^{\bar{\mu}}\left\{\begin{array}{l}(r-w_1-c_2)E_\alpha[\min(\mu+\alpha,K(\mu))]-ck_2K(\mu)\\-\overline{h_\phi}(\mu)(r-w)G(K(\mu)-\mu)-P_1(K(\mu))\end{array}\right\}\phi(\mu)\mathrm{d}\mu \quad (5\text{-}16)$$

该目标函数需要满足 $K(\mu)$ 是 $\mu$ 的递增函数这一约束条件，我们先不管该约束条件，等到求出供应商的均衡解后，再证明该均衡解满足这一约束条件。

我们将式(5-16)中积分号内的表达式定义为 $\pi(K(\mu),\mu)$，则供应商 2 的目标函数可以转化为：

$$\begin{aligned}\Pi_2(\mu)&=\max_{K(\cdot)}\pi(K(\mu),\mu)\\&=\max_{K(\cdot)}\{(r-w_1-c_2)E_\alpha[\min(\mu+\alpha,K(\mu))]-ck_2K(\mu)\\&\quad-\overline{h_\phi}(\mu)(r-w)G(K(\mu)-\mu)-P_1(K(\mu))\}\end{aligned} \quad (5\text{-}17)$$

将 $\Pi_2(\mu)$ 对 $K(\mu)$ 求导，我们可得：

$$\frac{\mathrm{d}\Pi_2(\mu)}{\mathrm{d}K(\mu)}=(r-w_1-c_2)[1-G(K(\mu)-\mu)]-ck_2-\overline{h_\phi}(\mu)(r-w)g(K(\mu)-\mu)-P_1'(K(\mu)) \tag{5-18}$$

由式(5-18)和假设条件 $c_i+ck_i-w_i\leqslant P_i'(K)\leqslant r-w_i-c_{-i}-ck_{-i}$，我们可知 $K(\mu)<\mu+\underline{\alpha}$ 时，$\dfrac{\mathrm{d}\Pi_2(\mu)}{\mathrm{d}K(\mu)}=r-w_1-c_2-ck_2-P_1'(K(\mu))\geqslant 0$，即 $\Pi_2(\mu)$ 是关于 $K(\mu)$ 的递增函数，令 $K^*(\mu)$ 表示 $K(\mu)$ 的最优解，则可知 $K^*(\mu)\geqslant\mu+\underline{\alpha}$，考虑到这一约束，我们采用 KKT 条件（库恩 - 塔克条件）来求解式(5-17)，则可得：

$$\begin{aligned}\frac{\mathrm{d}\Pi_2(\mu)}{\mathrm{d}K^*(\mu)}&=(r-w_1-c_2)[1-G(K^*(\mu)-\mu)]-ck_2\\&-\overline{h_\phi}(\mu)(r-w)g(K^*(\mu)-\mu)-P_1'(K^*(\mu))+\lambda(\mu)=0\end{aligned} \tag{5-19}$$

其中，$\lambda(\mu)$ 为拉格朗日乘子且 $\lambda(\mu)\geqslant 0$。由包络定理我们可得：

$$\begin{aligned}\frac{\mathrm{d}\Pi_2(\mu)}{\mathrm{d}\mu}&=\frac{\partial\Pi_2(\mu)}{\partial\mu}-\lambda(\mu)\\&=(r-w_1-c_2)G(K^*(\mu)-\mu)-\overline{h_\phi'}(\mu)(r-w)G(K^*(\mu)-\mu)\\&\quad+\overline{h_\phi}(\mu)(r-w)g(K^*(\mu)-\mu)-\lambda(\mu)\end{aligned}$$

因此，$\Pi_2(\mu)$ 可以转化为：

$$\Pi_2(\mu)=\Pi_2(\underline{\mu})+\int_{\underline{\mu}}^{\mu}\begin{bmatrix}(r-w_1-c_2)G(K^*(t)-t)-\overline{h_\phi'}(t)(r-w)G(K^*(t)-t)\\+\overline{h_\phi}(t)(r-w)g(K^*(t)-t)-\lambda(t)\end{bmatrix}\mathrm{d}t$$

由于供应商 1 可以通过提高 $P_1(K(\mu))$ 使得 $\Pi_2(\underline{\mu})=0$，因此，我们可得：

$$\Pi_2(\mu)=\int_{\underline{\mu}}^{\mu}\begin{bmatrix}(r-w_1-c_2)G(K^*(t)-t)-\overline{h_\phi'}(t)(r-w)G(K^*(t)-t)\\+\overline{h_\phi}(t)(r-w)g(K^*(t)-t)-\lambda(t)\end{bmatrix}\mathrm{d}t \tag{5-20}$$

**步骤 2：求解供应商 1 的最优决策**

供应商1的利润等于系统总利润减去供应商2的利润和制造商的利润，则结合引理 1 和式(5-20)，供应商 1 的目标函数可以表示为：

$$\max_{K^*(\cdot)}\int_{\underline{\mu}}^{\bar{\mu}}\begin{Bmatrix}(r-c)E_\alpha[\min(\mu+\alpha,K^*(\mu))]-\overline{h_\phi}(\mu)(r-w)G(K^*(\mu)-\mu)-\\ckK^*(\mu)-\overline{h_\phi}(\mu)[(r-w_1-c_2)G(K^*(\mu)-\mu)-\overline{h_\phi'}(\mu)(r-w)\\G(K^*(\mu)-\mu)+\overline{h_\phi}(\mu)(r-w)g(K^*(\mu)-\mu)-\lambda(\mu)]\end{Bmatrix}\phi(\mu)\mathrm{d}\mu \tag{5-21}$$

令 $\pi_1(K^*(\mu))$ 表示式(5-21)中的被积函数,即:

$$\begin{aligned}\pi_1(K^*(\mu)) = &(r-c)E_\alpha[\min(\mu+\alpha, K^*(\mu))] - \overline{h_\phi}(\mu)(r-w) \\ &G(K^*(\mu)-\mu) - ckK^*(\mu) - \overline{h_\phi}(\mu)[(r-w_1-c_2) \\ &G(K^*(\mu)-\mu) - \overline{h'_\phi}(\mu)(r-w)G(K^*(\mu)-\mu) + \\ &\overline{h_\phi}(\mu)(r-w)g(K^*(\mu)-\mu) - \lambda(\mu)]\end{aligned} \tag{5-22}$$

令 $K_{seq}(\mu)$ 表示供应商1的最优产能决策,由于 $K^*(\mu) \geqslant \mu + \underline{\alpha}$,我们必须考虑 $K^*(\mu) > \mu + \underline{\alpha}$ 和 $K^*(\mu) = \mu + \underline{\alpha}$ 两种情况,我们先求出 $K^*(\mu) > \mu + \underline{\alpha}$ 时最优的 $K^*(\mu)$,然后将取该最优的 $K^*(\mu)$ 值时供应商1的利润与 $K^*(\mu) = \mu + \underline{\alpha}$ 时供应商1的利润进行比较,令取得较大的供应商1的利润的 $K^*(\mu)$ 值为 $K_{seq}(\mu)$。

**1. $K^*(\mu) > \mu + \underline{\alpha}$**

$K^*(\mu) > \mu + \underline{\alpha}$ 时,$\lambda(\mu) = 0$,式(5-19)可以转化为:

$$\begin{aligned}&(r-w_1-c_2)[1-G(K^*(\mu)-\mu)]\left[1-\frac{r-w}{r-w_1-c_2}\overline{h_\phi}(\mu)h_g(K^*(\mu)-\mu)\right] \\ &-ck_2 - P'_1(K^*(\mu)) = 0\end{aligned} \tag{5-23}$$

通过观察式(5-23),我们可知 $\overline{h_\phi}(\mu)h_g(K^*(\mu)-\mu) \leqslant \dfrac{r-w_1-c_2}{r-w}$,否则该等式左边的表达式必定小于0。由于 $h_g(\cdot)$ 为递增函数,我们可得 $K^*(\mu) \leqslant \bar{K}(\mu)$,$\bar{K}(\mu)$ 满足等式 $\overline{h_\phi}(\mu)h_g(\bar{K}(\mu)-\mu) = \dfrac{r-w_1-c_2}{r-w} = 1 + \dfrac{w_2-c_2}{r-w}$。

我们用 $[1-G(K^*(\mu)-\mu)]h_g(K^*(\mu)-\mu)$ 来代替式(5-22)中的 $g(K^*(\mu)-\mu)$,并将式(5-22)对 $K^*(\mu)$ 求导,令 $\gamma_{seq}(K^*(\mu)) = \dfrac{\mathrm{d}\pi_1(K^*(\mu))}{\mathrm{d}K^*(\mu)}$,则可得:

$$\begin{aligned}\gamma_{seq}(K^*(\mu)) = &-ck + (w-c)(1-G(K^*(\mu)-\mu)) + \overline{h_\phi}(\mu) \\ &(c_2-w_2)g(K^*(\mu)-\mu) + (r-w)(1-G(K^*(\mu)-\mu)) \\ &[(1-\overline{h_\phi}(\mu)h_g(K^*(\mu)-\mu))^2 + \overline{h_\phi}(\mu)\,\overline{h'_\phi}(\mu)h_g \\ &(K^*(\mu)-\mu) - \overline{h_\phi}^2(\mu)h'_g(K^*(\mu)-\mu)] \\ = &-ck + (r-w)(1-G(K^*(\mu)-\mu))[(1-\overline{h_\phi}(\mu)h_g \\ &(K^*(\mu)-\mu))^2 + \overline{h_\phi}(\mu)\,\overline{h'_\phi}(\mu)h_g(K^*(\mu)-\mu) - \\ &\overline{h_\phi}^2(\mu)h'_g(K^*(\mu)-\mu)\end{aligned}$$

$$+\frac{w-c}{r-w}+\frac{c_2-w_2}{r-w}\overline{h_\phi}(\mu)h_g(K^*(\mu)-\mu)\Big] \tag{5-24}$$

令 $F(K^*(\mu))$ 表示式(5-24)中括号内的表达,即

$$F(K^*(\mu))=(1-\overline{h_\phi}(\mu)h_g(K^*(\mu)-\mu))^2+\overline{h_\phi}(\mu)\overline{h'_\phi}(\mu)h_g(K^*(\mu)-\mu)$$
$$-\overline{h_\phi}^2(\mu)h'_g(K^*(\mu)-\mu)+\frac{w-c}{r-w}+\frac{c_2-w_2}{r-w}\overline{h_\phi}(\mu)h_g(K^*(\mu)-\mu)$$

将 $F(K^*(\mu))$ 对 $K^*(\mu)$ 求导可得:

$$\frac{\mathrm{d}F(K^*(\mu))}{\mathrm{d}K^*(\mu)}=2(\overline{h_\phi}(\mu)h_g(K^*(\mu)-\mu)-1)\overline{h_\phi}(\mu)h'_g(K^*(\mu)-\mu)+\overline{h_\phi}(\mu)$$
$$\overline{h'_\phi}(\mu)h'_g(K^*(\mu)-\mu)-\overline{h_\phi}^2(\mu)h''_g(K^*(\mu)-\mu)+$$
$$\frac{c_2-w_2}{r-w}\overline{h_\phi}(\mu)h'_g(K^*(\mu)-\mu)$$
$$\leqslant\overline{h_\phi}(\mu)h'_g(K^*(\mu)-\mu)\left[2\frac{w_2-c_2}{r-w}+\overline{h'_\phi}(\mu)+\frac{c_2-w_2}{r-w}\right]$$
$$-\overline{h_\phi^2}(\mu)h''_g(K^*(\mu)-\mu)$$

由 $\overline{h'_\phi}(\mu)=-1-\dfrac{1-\Phi(\mu)}{\varphi^2(\mu)}\phi'(\mu)$ 和 $\overline{h'_\phi}(\cdot)$ 是递增函数,我们可得 $\overline{h'_\phi}(\mu)\leqslant\overline{h'_\phi}(\bar{\mu})=-1$。

如果 $\dfrac{w_2-c_2}{r-w}\leqslant 1$,则 $\dfrac{w_2-c_2}{r-w}+\overline{h'_\phi}(\mu)\leqslant 0$,由于 $h_g(\cdot)$ 和 $h'_g(\cdot)$ 都是递增函数,我们可得 $\dfrac{\mathrm{d}F(K^*(\mu))}{\mathrm{d}K^*(\mu)}<0$。由于 $1-G(K^*(\mu)-\mu)$ 恒大于0且为 $K^*(\mu)$ 的递减函数,我们可知当 $\gamma_{seq}(K^*(\mu))>0$ 时,$\gamma_{seq}(K^*(\mu))$ 一定是关于 $K^*(\mu)$ 的递减函数,一旦 $\gamma_{seq}(K^*(\mu))$ 小于0,随着 $K^*(\mu)$ 的增加,$\gamma_{seq}(K^*(\mu))$ 也一直小于0。因此,我们可以得到如下结论:$K^*(\mu)>\mu+\underline{\alpha}$ 时,如果 $\gamma_{seq}(\mu+\underline{\alpha})>0$,$K^*(\mu)$ 的最优解为 $\{\hat{K}(\mu):\gamma_{seq}(\hat{K}(\mu))=0\}$;否则 $K^*(\mu)$ 的最优解为 $\mu+\underline{\alpha}+\xi$,其中 $\xi$ 趋近于0,此时 $\pi_1(\mu+\underline{\alpha}+\xi)$ 约为 $(r-c-ck)(\mu+\underline{\alpha})-\overline{h_\phi}^2(\mu)(r-w)g(\underline{\alpha})$。

如果 $\dfrac{w_2-c_2}{r-w}>1$,则 $\dfrac{r-w_1-c_2}{r-w}>2$,当 $0\leqslant\overline{h_\phi}(\mu)h_g(K^*(\mu)-\mu)\leqslant 2$ 时,我们可得:

$$\frac{\mathrm{d}F(K^*(\mu))}{\mathrm{d}K^*(\mu)} \leqslant \overline{h_\phi}(\mu)h_g'(K^*(\mu)-\mu)\left[2+\overline{h_\phi'}(\mu)+\frac{c_2-w_2}{r-w}\right]-\overline{h_\phi}^2(\mu)$$
$$h_g''(K^*(\mu)-\mu)$$

由于$\overline{h_\phi'}(\mu)\leqslant -1$,因此$\frac{\mathrm{d}F(K^*(\mu))}{\mathrm{d}K^*(\mu)}<0$。

当$2<\overline{h_\phi}(\mu)h_g(K^*(\mu)-\mu)\leqslant\frac{r-w_1-c_2}{r-w}$时,我们可得:

$$\frac{\mathrm{d}F(K^*(\mu))}{\mathrm{d}K^*(\mu)} \leqslant \overline{h_\phi}(\mu)h_g'(K^*(\mu)-\mu)\left(\frac{w_2-c_2}{r-w}+\overline{h_\phi'}(\mu)\right)-\overline{h_\phi}^2(\mu)h_g''(K^*(\mu)-\mu)$$

此时,$\frac{\mathrm{d}F(K^*(\mu))}{\mathrm{d}K^*(\mu)}$可能为正也可能为负,只有当$\frac{\mathrm{d}F(K^*(\mu))}{\mathrm{d}K^*(\mu)}<0$时,供应商1的目标函数才是关于$K^*(\mu)$的单峰函数。

综上所述,$\frac{w_2-c_2}{r-w}>1$时,如果在区间$2<\overline{h_\phi}(\mu)h_g(K^*(\mu)-\mu)\leqslant\frac{r-w_1-c_2}{r-w}$内,$\frac{\mathrm{d}F(K^*(\mu))}{\mathrm{d}K^*(\mu)}<0$成立,则供应商1的目标函数在$0<\overline{h_\phi}(\mu)h_g(K^*(\mu)-\mu)\leqslant\frac{r-w_1-c_2}{r-w}$区间内是关于$K^*(\mu)$的单峰函数,此时,$K^*(\mu)$的最优解的形式与$\frac{w_2-c_2}{r-w}\leqslant 1$时一致。否则,供应商1的目标函数在区间$0<\overline{h_\phi}(\mu)h_g(K^*(\mu)-\mu)\leqslant\frac{r-w_1-c_2}{r-w}$内不是关于$K^*(\mu)$的单峰函数,参考 *Xu*(2010)中的方法,我们可采用如下方法来求解$K^*(\mu)$的最优解。$\gamma_{seq}(\mu+\underline{\alpha})>0$时,通过比较供应商1目标函数的所有极值点$\{\hat{K}(\mu):\gamma_{seq}(\hat{K}(\mu))=0\}$和$K^*(\mu)=\mu+h_g^{-1}(2h_\phi(\mu))$来寻找$K^*(\mu)$的最优解。$\gamma_{seq}(\mu+\underline{\alpha})\leqslant 0$时,通过比较供应商1的目标函数的所有极值点$\{\hat{K}(\mu):\gamma_{seq}(\hat{K}(\mu))=0\}$和$K^*(\mu)=\mu+\underline{\alpha}+\xi$来寻找$K^*(\mu)$的最优解。在求解$K^*(\mu)$的最优解时,我们没有考虑最优解为$\bar{K}(\mu)$的情况,这是因为$\left.\frac{\mathrm{d}\Pi_{s_2}(\mu)}{\mathrm{d}K^*(\mu)}\right|_{K^*(\mu)=\bar{K}(\mu)}<0$,即$\bar{K}(\mu)$不可能为供应商2的最优解。

**2. $K^*(\mu)=\mu+\underline{\alpha}$**

$K^*(\mu)=\mu+\underline{\alpha}$时,$\lambda(\mu)>0$,式(5-19)可以转化为:

$$r - w_1 - c_2 - ck_2 - \overline{h_\phi}(\mu)(r - w)g(\underline{\alpha}) - P_1'(\mu + \underline{\alpha}) + \lambda(\mu) = 0 \quad (5\text{-}25)$$

由式(5-22)可知$K^*(\mu) = \mu + \underline{\alpha}$时，供应商1的目标函数是关于$\lambda(\mu)$的递增函数，因此，当$\lambda(\mu)$取最大值时，供应商1的利润最大。由于$P_1'(K) \leqslant r - w_1 - c_2 - ck_2$，我们可知$P_1'(\mu + \underline{\alpha}) = r - w_1 - c_2 - ck_2$时，$\lambda(\mu)$取得最大值为$\overline{h_\phi}(\mu)(r - w)g(\underline{\alpha})$，此时，$\pi_1(\mu + \underline{\alpha}) = (r - c - ck)(\mu + \underline{\alpha})$，这说明$K^*(\mu) = \mu + \underline{\alpha}$时，供应商1将获得系统的总利润。显然，$\pi_1(\mu + \underline{\alpha}) \geqslant \pi_1(\mu + \underline{\alpha} + \xi)$，因此$\gamma_{seq}(\mu + \underline{\alpha}) \leqslant 0$时，供应商1一定不会建立$\mu + \underline{\alpha} + \xi$单位数量的产能。

接下来，我们分析假设条件$c_i + ck_i - w_i \geqslant 0$的合理性，假设$c_i + ck_i - w_i < 0$，则$0 \leqslant P_i'(K) \leqslant r - w$，我们可得$K^*(\mu) = \mu + \underline{\alpha}$时，如果$P_1'(\mu + \underline{\alpha}) = r - w$，供应商1将获得最高的利润，由式(5-1)我们可得$P_2'(\mu + \underline{\alpha}) = 0$，这表示供应商2通过产能预定所得到的收入与其提供的产能数量无关，这与现实情况不符，因此，我们只考虑$c_i + ck_i - w_i \geqslant 0$的情况。

将$K^*(\mu) > \mu + \underline{\alpha}$时$K^*(\mu)$的最优解和$\mu + \underline{\alpha}$进行比较，我们可以得到$K_{seq}(\mu)$的具体形式如下：

$$\frac{w_2 - c_2}{r - w} \leqslant 1 \text{ 时}, K_{seq}(\mu) = \begin{cases} \mu + \underline{\alpha} & T_2(\mu) \geqslant T_1(\hat{K}(\mu)) \text{ 或 } \gamma_{seq}(\mu + \underline{\alpha}) \leqslant 0, \\ \{\hat{K}(\mu) : \gamma_{seq}(\hat{K}(\mu)) = 0\} & \text{其他.} \end{cases}$$

否则：

$$K_{seq}(\mu) = \begin{cases} \mu + \underline{\alpha} & (1)\text{ 或 }(2), \\ \mu + h_g^{-1}(2h_\phi(\mu)) & (3), \\ \arg\max\limits_{K(\mu)} T_1(K(\mu)), K(\mu) \in \{\hat{K}(\mu) \mid \gamma_{seq}(\hat{K}(\mu)) = 0\} & (4)\text{ 或 }(5). \end{cases}$$

其中条件(1)至(5)和$T_1(K(\mu))$和$T_2(\mu)$的定义在正文中的第三节已经给出，这里不再赘述。

用$K_{seq}(\mu)$代替式(5-17)中的$K(\mu)$，我们可得：

$$P_1(K_{seq}(\mu)) = (r - w_1 - c_2)E_\alpha[\min(\mu + \alpha, K_{seq}(\mu))] - ck_2 K_{seq}(\mu)$$
$$- (r - w)\overline{h_\phi}(\mu)G(K_{seq}(\mu) - \mu) - \Pi_2(\mu)$$

$K_{seq}(\mu) = \mu + \underline{\alpha}$时，$\lambda(\mu) = \overline{h_\phi}(\mu)(r - w)g(\underline{\alpha})$，由式(5-20)我们可得$\Pi_2(\mu) = 0$。$K_{seq}(\mu) > \mu + \underline{\alpha}$时，用$K_{seq}(\mu)$代替式(5-20)中的$K(\mu)$便可得到$\Pi_2(\mu)$的值。

由引理1和式(5-1),我们可得:

$$P(K_{seq}(\mu)) = (r-w)\left(E_\alpha[\min(\mu+\alpha, K_{seq}(\mu))] - \int_{\underline{\mu}}^{\mu} G(K_{seq}(t)-t)\mathrm{d}t\right) \tag{5-26}$$

而 $P_2(K_{seq}(\mu)) = P(K_{seq}(\mu)) - P_1(K_{seq}(\mu))$。

$\dfrac{w_2-c_2}{r-w} \leqslant 1$ 时,令 $\hat{K}(\mu) = \hat{q}(\mu) + \mu$,将 $T_1(\hat{K}(\mu))$ 对 $\mu$ 求导,可得:

$$\frac{\mathrm{d}T_1(\hat{K}(\mu))}{\mathrm{d}\mu} = (r-c-ck) + [\overline{h_\phi}(\mu)\,\overline{h''_\phi}(\mu) - \overline{h'_\phi}(\mu)(1-\overline{h'_\phi}(\mu))]$$
$$(r-w)G(\hat{q}(\mu)) - \overline{h'_\phi}(\mu)(r-w_1-c_2)G(\hat{q}(\mu)) - 2\,\overline{h_\phi}(\mu)$$
$$\overline{h'_\phi}(\mu)(r-w)g(\hat{q}(\mu)) \geqslant r-c-ck$$

这说明 $K_{seq}(\mu)=\hat{K}(\mu)$ 时供应商1的利润的增长速度要快于 $K_{seq}(\mu)=\mu+\underline{\alpha}$ 时的增长速度,因此,$K_{seq}(\mu)$ 可能具有以下三种形式:①$\mu \in [\underline{\mu},\bar{\mu}]$ 时,$K_{seq}(\mu)=\mu+\underline{\alpha}$;②$\mu \in [\underline{\mu},\bar{\mu}]$ 时,$K_{seq}(\mu)=\hat{K}(\mu)$;③$\mu \in [\underline{\mu},\mu']$ 时,$K_{seq}(\mu)=\mu+\underline{\alpha}$;$\mu \in [\mu',\bar{\mu}]$ 时,$K_{seq}(\mu)=\hat{K}(\mu)$。第一种情况表示 $\mu \in [\underline{\mu},\bar{\mu}]$ 时,$T_2(\mu) \geqslant T_1(\hat{K}(\mu))$ 恒成立;第二种情况表示 $\mu \in [\underline{\mu},\bar{\mu}]$ 时,$T_1(\hat{K}(\mu)) \geqslant T_2(\mu)$ 恒成立;第三种情况表示存在一个阈值 $\mu'$ 使得 $\underline{\mu} \leqslant \mu \leqslant \mu'$ 时,$T_2(\mu) \geqslant T_1(\hat{K}(\mu))$;$\mu' \leqslant \mu \leqslant \bar{\mu}$ 时,$T_1(\hat{K}(\mu)) \geqslant T_2(\mu)$。

在得到了 $K_{seq}(\mu)$、$P_1(K_{seq}(\mu))$ 和 $P_2(K_{seq}(\mu))$ 的具体形式后,我们需要证明它们满足第四节中提到的性质。在这里我们只对 $\dfrac{w_2-c_2}{r-w} \leqslant 1$ 这种情况进行证明,对于 $\dfrac{w_2-c_2}{r-w} > 1$ 这种情况,我们通过数值试验来验证这些性质是否得到满足。

**步骤3a**:证明 $K_{seq}(\mu)$ 是关于 $\mu$ 的递增函数

$K_{seq}(\mu)=\mu+\underline{\alpha}$ 时,显然,$K_{seq}(\mu)$ 是关于 $\mu$ 的递增函数。

当 $K_{seq}(\mu)=\hat{K}(\mu)$ 时,令 $\hat{K}(\mu)=\hat{q}(\mu)+\mu$,用 $\hat{K}(\mu)$ 来代替式(5-24)中的 $K^*(\mu)$,我们可得:

$$\beta(\hat{q}(\mu),\mu) = -ck + (1-G(\hat{q}(\mu)))[(w-c) + \overline{h_\phi}(\mu)(c_2-w_2)h_g(\hat{q}(\mu))]$$
$$+ (r-w)(1-G(\hat{q}(\mu)))[(1-\overline{h_\phi}(\mu)h_g(\hat{q}(\mu)))^2$$
$$+ \overline{h_\phi}(\mu)\,\overline{h'_\phi}(\mu)h_g(\hat{q}(\mu)) - \overline{h_\phi}^2(\mu)h'_g(\hat{q}(\mu))] = 0 \tag{5-27}$$

将$\beta(\hat{q}(\mu),\mu)$对$\mu$求导可得：

$$\frac{\mathrm{d}\beta(\hat{q}(\mu),\mu)}{\mathrm{d}\mu}=\frac{\partial\beta(\hat{q}(\mu),\mu)}{\partial\hat{q}(\mu)}\frac{\mathrm{d}\hat{q}(\mu)}{\mathrm{d}\mu}+\frac{\partial\beta(\hat{q}(\mu),\mu)}{\partial\mu}=0$$

由于$\hat{K}(\mu)$是$K^*(\mu)>\mu+\underline{\alpha}$时供应商1的最优产能决策，因此$\frac{\partial\beta(\hat{q}(\mu),\mu)}{\partial\hat{q}(\mu)}<0$，将式(5-27)对$\mu$求导可得：

$$\begin{aligned}\frac{\partial\beta(\hat{q}(\mu),\mu)}{\partial\mu}=&(1-G(\hat{q}(\mu))(c_2-w_2)\overline{h'_\phi}(\mu)h_g(\hat{q}(\mu)))+(r-w)\\&(1-G(\hat{q}(\mu))[-2(1-\overline{h_\phi}(\mu)h_g(\hat{q}(\mu)))h_g(\hat{q}(\mu))\overline{h'_\phi}(\mu)\\&+\overline{h'_\phi}(\mu)2h_g(\hat{q}(\mu)))+\overline{h_\phi}(\mu)\overline{h''_\phi}(\mu)h_g(\hat{q}(\mu)))-2\overline{h_\phi}(\mu)\\&\overline{h'_\phi}(\mu)h'_g(\hat{q}(\mu))]\end{aligned}$$

接下来，我们分两种情况：$\frac{w_1-c_1}{w_2-c_2}\leqslant\frac{w_2-c_2}{r-w}$和$\frac{w_1-c_1}{w_2-c_2}>\frac{w_2-c_2}{r-w}$来讨论$\frac{\partial\beta(\hat{q}(\mu),\mu)}{\partial\mu}$和$\frac{\mathrm{d}\hat{q}(\mu)}{\mathrm{d}\mu}$的正负属性。

**1. $\boldsymbol{\frac{w_1-c_1}{w_2-c_2}\leqslant\frac{w_2-c_2}{r-w}\leqslant 1}$**

在这种情况下，区间$\left[0,\frac{r-w_1-c_2}{r-w}\right]$可以分为三个子区间：$[0,1]$、$\left(1,\frac{w-c}{w_2-c_2}\right]$和$\left(\frac{w-c}{w_2-c_2},\frac{r-w_1-c_2}{r-w}\right]$，由于$0\leqslant\overline{h_\phi}(\mu)h_g(K^*(\mu)-\mu)\leqslant\frac{r-w_1-c_2}{r-w}$，我们将依次分析$\overline{h_\phi}(\mu)h_g(K^*(\mu)-\mu)$分别位于在这三个子区间时$\frac{\partial\beta(\hat{q}(\mu),\mu)}{\partial\mu}$和$\frac{\mathrm{d}\hat{q}(\mu)}{\mathrm{d}\mu}$的正负属性。

(1) $0\leqslant\overline{h_\phi}(\mu)h_g(K^*(\mu)-\mu)\leqslant 1$

由于$c_2-w_2<0$，$\overline{h'_\phi}(\mu)<0$，而且$h_g(\cdot)$和$\overline{h'_\phi}(\cdot)$都为递增函数，则可得$\frac{\partial\beta(\hat{q}(\mu),\mu)}{\partial\mu}>0$，因此$\frac{\mathrm{d}\hat{q}(\mu)}{\mathrm{d}\mu}>0$。

(2) $1<\overline{h_\phi}(\mu)h_g(K^*(\mu)-\mu)\leqslant\frac{w-c}{w_2-c_2}$

令$\frac{\partial\beta(\hat{q}(\mu),\mu)}{\partial\mu}=\beta_1(\hat{q}(\mu),\mu)+\beta_2(\hat{q}(\mu),\mu)$，其中

$$\beta_1(\hat{q}(\mu),\mu) = -(r-w)(1-G(\hat{q}(\mu))\overline{h'_\phi}(\mu)h_g(\hat{q}(\mu))$$
$$\left[\frac{w_2-c_2}{r-w}+2(1-\overline{h_\phi}(\mu)h_g(\hat{q}(\mu)))-\overline{h'_\phi}(\mu)\right]$$

$$\beta_2(\hat{q}(\mu),\mu) = (r-w)(1-G(\hat{q}(\mu))[\overline{h_\phi}(\mu)\overline{h''_\phi}(\mu)h_g(\hat{q}(\mu))$$
$$-2\overline{h_\phi}(\mu)\overline{h'_\phi}(\mu)h'_g(\hat{q}(\mu))]$$

由 $-1 \leqslant \frac{c_1-w_1}{w_2-c_2} \leqslant 1-\overline{h_\phi}(\mu)h_g(\hat{q}(\mu)) < 0, \frac{w_1-c_1}{w_2-c_2} \leqslant \frac{w_2-c_2}{r-w}$ 和 $\overline{h'_\phi}(\mu) \leqslant -1$，我们可得 $\beta_1(\hat{q}(\mu),\mu) > 0$，显然 $\beta_2(\hat{q}(\mu),\mu) > 0$，因此 $\frac{\partial\beta(\hat{q}(\mu),\mu)}{\partial\mu} > 0, \frac{d\hat{q}(\mu)}{d\mu} > 0$。

(3) $\frac{w-c}{w_2-c_2} < \overline{h_\phi}(\mu)h_g(K^*(\mu)-\mu) \leqslant \frac{r-w_1-c_2}{r-w}$

同样，我们令 $\frac{\partial\beta(\hat{q}(\mu),\mu)}{\partial\mu} = \beta_1(\hat{q}(\mu),\mu)+\beta_2(\hat{q}(\mu),\mu)$，由于 $\overline{h'_\phi}(\mu) \leqslant -1$ 和 $1-\overline{h_\phi}(\mu)h_g(\hat{q}(\mu)) \geqslant \frac{c_2-w_2}{r-w} \geqslant -1$，我们可得 $\frac{\partial\beta(\hat{q}(\mu),\mu)}{\partial\mu} > 0, \frac{d\hat{q}(\mu)}{d\mu} > 0$。

**2.** $\boldsymbol{\frac{w_1-c_1}{w_2-c_2} > \frac{w_2-c_2}{r-w}}$

在这种情况下，区间 $p\left[0,\frac{r-w_1-c_2}{r-w}\right]$ 可以分为两个子区间：[0,1] 和 $\left(1,\frac{r-w_1-c_2}{r-w}\right]$，由于 $0 \leqslant \overline{h_\phi}(\mu)h_g(K^*(\mu)-\mu) \leqslant \frac{r-w_1-c_2}{r-w}$，我们将依次分析 $\overline{h_\phi}(\mu)h_g(K^*(\mu)-\mu)$ 分别位于这两个子区间时 $\frac{\partial\beta(\hat{q}(\mu),\mu)}{\partial\mu}$ 和 $\frac{d\hat{q}(\mu)}{d\mu}$ 的正负属性。采用类似于 $\frac{w_1-c_1}{w_2-c_2} < \frac{w_2-c_2}{r-w}$ 时的证明方法，我们同样可以得到 $\frac{\partial\beta(\hat{q}(\mu),\mu)}{\partial\mu} > 0, \frac{d\hat{q}(\mu)}{d\mu} > 0$，这里不再赘述。

综上所述，$\frac{w_2-c_2}{r-w} \leqslant 1$ 时，$\frac{d\hat{q}(\mu)}{d\mu} > 0$，因此 $\hat{K}(\mu)$ 是关于 $\mu$ 的递增函数，由于 $\mu+\underline{\alpha}$ 也是关于 $\mu$ 的递增函数，因此，$K_{seq}(\mu)$ 是关于 $\mu$ 的递增函数。

**步骤 3b**：证明 $P'_i(K_{seq}(\mu)) \geqslant c_i+ck_i-w_i, i=1,2$

将 $K_{seq}(\mu)$ 代入式(5-26)中，并将该式对 $K_{seq}(\mu)$ 求导可得：

$$P_1'(y_{seq}(\mu)) + P_2'(y_{seq}(\mu)) = (r-w)(1-G(K_{seq}(\mu)-\mu)) \qquad (5\text{-}28)$$

当 $K_{seq}(\mu) = \mu + \underline{\alpha}$ 时，$P_1'(\mu+\underline{\alpha}) = r - w_1 - c_2 - ck_2$，由于 $r-c-ck \geqslant 0$，因此 $P_1'(\mu+\underline{\alpha}) \geqslant c_1 + ck_1 - w_1$ 成立，由式(5-28)我们可得 $P_2'(\mu+\underline{\alpha}) = c_2 + ck_2 - w_2$。

$K_{seq}(\mu) = \hat{K}(\mu)$ 时，由式(5-19)和式(5-28)，我们可得：

$$P_1'(\hat{K}(\mu)) = (r-w_1-c_2)[1-G(\hat{K}(\mu)-\mu)][1-\frac{r-w}{r-w_1-c_2}\overline{h_\phi}(\mu)h_g(\hat{K}(\mu)-\mu)] - ck_2$$

$$P_2'(\hat{K}(\mu)) = ck_2 + (r-w)\overline{h_\phi}(\mu)g(\hat{K}(\mu)-\mu) + (c_2-w_2)[1-G(\hat{K}(\mu)-\mu)]$$

由 $(r-w)\overline{h_\phi}(\mu)g(\hat{K}(\mu)-\mu) \geqslant 0$，$0 \leqslant G(\hat{K}(\mu)-\mu) \leqslant 1$ 和 $c_2 - w_2 \leqslant 0$，我们可得 $P_2'(\hat{K}(\mu)) \geqslant c_2 + ck_2 - w_2$。接下来，我们将分两种情况：$\overline{h_\phi}(\mu)h_g(\hat{K}(\mu)-\mu) \leqslant 1$ 和 $1 < \overline{h_\phi}(\mu)h_g(\hat{K}(\mu)-\mu) \leqslant \frac{r-w_1-c_2}{r-w}$ 来证明 $P_1'(\hat{K}(\mu)) \geqslant c_1 + ck_1 - w_1$。

**1. $\overline{h_\phi}(\mu)h_g(\hat{K}(\mu)-\mu) \leqslant 1$**

由式(5-24)，我们可得：

$$(r-w)(1-G(\hat{K}(\mu)-\mu))[(1-\overline{h_\phi}(\mu)h_g(\hat{K}(\mu)-\mu))^2 + \frac{w-c}{r-w}] > ck$$

令 $F_1(\hat{K}(\mu),\mu) = (r-w)(1-G(\hat{K}(\mu)-\mu))[(1-\overline{h_\phi}(\mu)h_g(\hat{K}(\mu)-\mu)) + \frac{w-c}{r-w}]$，则可得 $F_1(\hat{K}(\mu),\mu) > ck$。由 $0 \leqslant G(\hat{K}(\mu)-\mu) \leqslant 1$ 和 $c_1 - w_1 \leqslant 0$，我们可得：

$$P_1'(\hat{K}(\mu)) = F_1(\hat{K}(\mu),\mu) + (c_1-w_1)[1-G(\hat{K}(\mu)-\mu)] - ck_2 \geqslant c_1 + ck_1 - w_1$$

**2. $1 < \overline{h_\phi}(\mu)h_g(\hat{K}(\mu)-\mu) \leqslant \frac{r-w_1-c_2}{r-w} = 1 + \frac{w_2-c_2}{r-w} \leqslant 2$**

由式(5-24)，我们可得：

$$(r-w)(1-G(\hat{K}(\mu)-\mu))[(\overline{h_\phi}(\mu)h_g(\hat{K}(\mu)-\mu)-1)2 + \frac{w-c}{r-w} + (\overline{h_\phi'}(\mu) + \frac{c_2-w_2}{r-w})\overline{h_\phi}(\mu)h_g(\hat{K}(\mu)-\mu)] > ck$$

由该式我们可得：

$$(r-w)(1-G(\hat{K}(\mu)-\mu))[\overline{h_\phi}(\mu)h_g(\hat{K}(\mu)-\mu)-1+\frac{w-c}{r-w}$$

$$+(\overline{h'_\phi}(\mu)+\frac{c_2-w_2}{r-w})\overline{h_\phi}(\mu)h_g(\hat{K}(\mu)-\mu)]>ck$$

令 $F_2(\hat{K}(\mu),\mu)=(r-w)(1-G(\hat{K}(\mu)-\mu))\left[\frac{c_2-w_2}{r-w}\overline{h_\phi}(\mu)h_g(\hat{K}(\mu)-\mu)+\frac{w-c}{r-w}-1\right]$,由 $\overline{h'_\phi}(\mu)\leqslant-1$ 和 $\overline{h_\phi}(\mu)h_g(\hat{K}(\mu)-\mu)>1$,我们可得 $F_2(\hat{K}(\mu),\mu)>ck$。因此,

$$P'_1(\hat{K}(\mu))=F_2(\hat{K}(\mu),\mu)+(1-G(\hat{K}(\mu)-\mu))\{[(w-r)-(c_2-w_2)]$$
$$\overline{h_\phi}(\mu)h_g(\hat{K}(\mu)-\mu)+2(r-w)+(c_1-w_1)\}-ck_2$$

通过观察该式,我们可得:

$$2(r-w)+[(w-r)-(c_2-w_2)]\overline{h_\phi}(\mu)h_g(\hat{K}(\mu)-\mu)$$

$$\geqslant 2(r-w)+\frac{r-w_1-c_2}{r-w}[(w-r)-(c_2-w_2)]$$

$$=(r-w)-(w_2-c_2)+(w_2-c_2)\frac{r-w_1-c_2}{r-w}>0$$

由 $c_1-w_1\leqslant0$ 和 $0\leqslant(1-G(\hat{K}(\mu)-\mu)\leqslant1$,我们可得 $P'_1(\hat{K}(\mu))\geqslant c_1+ck_1-w_1$。

**步骤 3c**:证明 $K_{seq}(\mu)$ 也是供应商 2 的最优产能决策

在求解供应商 2 的最优决策过程中,我们没有证明 $\Pi_{s_2}(\mu)$ 是关于 $K(\mu)$ 的凹函数,因此我们有必要对 $K_{seq}(\mu)$ 是否是供应商 2 的最优解展开分析。假设制造商的真实需求信息为 $\hat{\mu}$,我们需要证明 $K_{seq}(\hat{\mu})$ 是供应商 2 的最优产能决策。这里,我们只考虑步骤 2 中提到的 $K_{seq}(\mu)$ 最一般的形式,即 $\mu\in[\underline{\mu},\mu']$ 时,$K_{seq}(\mu)=\mu+\underline{\alpha}$;$\mu\in[\mu',\bar{\mu}]$ 时,$K_{seq}(\mu)=\hat{K}(\mu)$。

由式(5-18)我们可知,制造商的真实需求信息为 $\hat{\mu}$ 时,供应商 2 的目标函数关于 $K_{seq}(\mu)$ 的导数为:

$(r-w_1-c_2)[1-G(K_{seq}(\mu)-\hat{\mu})]-ck_2-\overline{h_\phi}(\hat{\mu})(r-w)g(K_{seq}(\mu)-\hat{\mu})-P'_1(K_{seq}(\mu))$

该式可以进一步转化为:

$$(r-w)[1-G(K_{seq}(\mu)-\hat{\mu})]\left[\frac{r-w_1-c_2}{r-w}-\overline{h_\phi}(\hat{\mu})h_g(K_{seq}(\mu)-\hat{\mu})\right]-ck_2-$$

$$P_1'(K_{seq}(\mu)) \tag{5-29}$$

当 $K_{seq}(\mu)=\mu+\underline{\alpha}$ 时，$P_1'(\mu+\underline{\alpha})=r-w_1-c_2-ck_2$。如果 $\mu\leqslant\hat{\mu}$，式(5-29)等于 0，否则，由 $0\leqslant G(K_{seq}(\mu)-\hat{\mu})\leqslant 1$ 和 $\overline{h_\phi}(\hat{\mu})h_g(K_{seq}(\mu)-\hat{\mu})\geqslant 0$，我们可知式(5-29)小于 0。

当 $K_{seq}(\mu)=\hat{K}(\mu)$ 时，我们可得：

$$P_1'(\hat{K}(\mu))=(r-w)[1-G(\hat{K}(\mu)-\mu)]\left[\frac{r-w_1-c_2}{r-w}-\overline{h_\phi}(\mu)h_g(\hat{K}(\mu)-\mu)\right]-ck_2$$

式(5-29)可以转化为：

$$\begin{aligned}&(r-w)[1-G(\hat{K}(\mu)-\hat{\mu})][\frac{r-w_1-c_2}{r-w}-\overline{h_\phi}(\hat{\mu})h_g(\hat{K}(\mu)-\hat{\mu})]\\&-[(r-w)[1-G(\hat{K}(\mu)-\mu)][\frac{r-w_1-c_2}{r-w}-\overline{h_\phi}(\mu)h_g(\hat{K}(\mu)-\mu)]\end{aligned} \tag{5-30}$$

如果 $\mu\leqslant\hat{\mu}$，由 $\overline{h_\phi}(\hat{\mu})h_g(\hat{K}(\mu)-\hat{\mu})\leqslant\overline{h_\phi}(\mu)h_g(\hat{K}(\mu)-\mu)\leqslant\frac{r-w_1-c_2}{r-w}$ 和 $1-G(\hat{K}(\mu)-\hat{\mu})\geqslant 1-G(\hat{K}(\mu)-\mu)\geqslant 0$，我们可知式(5-30)大于 0。否则，式(5-30)小于 0。

在上述分析中，我们只考虑了 $\mu$ 和 $\hat{\mu}$ 都在区间 $\mu\in[\underline{\mu},\mu']$ 或者 $\mu\in[\mu',\bar{\mu}]$ 内的情况，下面我们分析 $\mu$ 和 $\hat{\mu}$ 在不同的区间的情况。假设 $\mu<\mu'$，$\hat{\mu}>\mu'$，当 $K_{seq}(\mu)=\mu+\underline{\alpha}$ 时，式(5-29)等于 0，当 $K_{seq}(\mu)=\hat{K}(\mu)$ 时，式(5-30)大于 0。假设 $\mu>\mu'$，$\hat{\mu}<\mu'$，当 $K_{seq}(\mu)=\mu+\underline{\alpha}$ 时，式(5-29)小于等于 0，当 $K_{seq}(\mu)=\hat{K}(\mu)$ 时，式(5-30)小于等于 0。

综上所述，$\mu\leqslant\hat{\mu}$ 时，供应商 2 的目标函数关于 $K_{seq}(\mu)$ 的导数大于 0；$\mu>\hat{\mu}$ 时，供应商 2 的目标函数关于 $K_{seq}(\mu)$ 的导数小于等于 0。由于 $K_{seq}(\mu)$ 是关于 $\mu$ 的递增函数，因此，制造商的真实需求信息为 $\hat{\mu}$ 时，$K_{seq}(\hat{\mu})$ 是供应商 2 的最优产能决策。

因此，命题 1 得证。

**命题 3 证明：**参考引理 1，我们可知在混合契约中，制造商揭示真实需求信息时的利润可以表示为 $\Pi_a(\mu)=(r-w)\int_{\underline{\mu}}^{\mu}G(K^*(t)-t)\mathrm{d}t$，且 $K^*(\mu)$ 是关于 $\mu$ 的递增函数。供应 1 的目标函数可以表示为：

$$\max_{K(\cdot)}\int_{\underline{\mu}}^{\bar{\mu}}\left[\begin{array}{l}(r-w_2-c_1)E_\alpha[\min(\mu+\alpha,K^*(\mu))]\\-(wa_2+ck_1)K^*(\mu)-\overline{h_\phi}(\mu)(r-w)G(K^*(\mu)-\mu)\end{array}\right]\phi(\mu)\mathrm{d}\mu$$

在求解该函数时,我们先不管 $K^*(\mu)$ 是关于 $\mu$ 的递增函数这一约束,等到求出供应商的均衡解后,再证明该均衡解满足该约束。

令 $\pi_1(K^*(\mu))$ 表示上式中的被积函数,即:

$$\pi_1(K^*(\mu))=(r-w_2-c_1)E_\alpha[\min(\mu+\alpha,K^*(\mu))]-(wa_2+ck_1)K^*(\mu)$$
$$-\overline{h_\phi}(\mu)(r-w)G(K^*(\mu)-\mu) \tag{5-31}$$

将式(5-31)对 $K^*(\mu)$ 求导可得:

$$\begin{aligned}\gamma_{seq}(K^*(\mu))&=(r-w_2-c_1)[1-G(K^*(\mu)-\mu)]-(wa_2+ck_1)\\&\quad-\overline{h_\phi}(\mu)(r-w)g(K^*(\mu)-\mu)-(w_2-c_2)g(K^*(\mu)-\mu)K^*(\mu)\\&=(r-c)[1-G(K^*(\mu)-\mu)][1-\overline{h_\phi}(\mu)\frac{r-w}{r-c}h_g(K^*(\mu)-\mu))\\&\quad-\frac{w_2-c_2}{r-c}h_g(K^*(\mu)-\mu))K^*(\mu)]-ck\end{aligned} \tag{5-32}$$

如果 $K^*(\mu)<\mu+\underline{\alpha}$,则 $\gamma_{seq}(K^*(\mu))=r-c-ck>0$,令 $K_{seq}(\mu)$ 表示 $K^*(\mu)$ 的最优解,则可得 $K_{seq}(\mu)\geqslant\mu+\underline{\alpha}$。由 $h_g(\cdot)$ 是递增函数,我们可知 $\gamma_{seq}(K^*(\mu))$ 大于0时,$\gamma_{seq}(K^*(\mu))$ 是关于 $K^*(\mu)$ 的递减函数,一旦 $\gamma_{seq}(K^*(\mu))$ 小于0,随着 $K^*(\mu)$ 的增加,$\gamma_{seq}(K^*(\mu))$ 一直小于0。因此,如果 $\gamma_{seq}(\mu+\underline{\alpha})\leqslant 0$,$K_{seq}(\mu)=\mu+\underline{\alpha}$;否则,$K_{seq}(\mu)=\{K:\gamma_{seq}(K)=0\}$。得到 $K_{seq}(\mu)$ 的具体形式后,结合引理4和式(5-11),我们便可以得到 $wa_2(\mu)$ 和 $P_1(K_{seq}(\mu))$ 的表达式。

同命题1一样,我们需要证明供应商1的最优机制设计满足一些性质,我们先证明 $K_{seq}(\mu)$ 是关于 $\mu$ 的递增函数,然后再证明 $P_1'(K_{seq}(\mu))\geqslant c_1+ck_1-w_1$。

**1. 证明 $K_{seq}(\mu)$ 是关于 $\mu$ 的递增函数**

$K_{seq}(\mu)=\mu+\underline{\alpha}$ 时,显然,$K_{seq}(\mu)$ 是关于 $\mu$ 的递增函数。

$K_{seq}(\mu)>\mu+\underline{\alpha}$ 时,假设 $\gamma_{seq}(K'(\mu))=0$ 而且 $K'(\mu)=q'(\mu)+\mu$,用 $K'(\mu)$ 代替式(5-32)中的 $K^*(\mu)$,我们可得:

$$\beta(q'(\mu),\mu)=(r-w_2-c_1)(1-G(q'(\mu)))[1-\overline{h_\phi}(\mu)\frac{r-w}{r-w_2-c_1}h_g(q'(\mu))$$
$$-\frac{w_2-c_2}{r-w_2-c_1}h_g(q'(\mu))(q'(\mu)+\mu)]-(wa_2(\mu)+ck_1)=0$$

将$\beta(q'(\mu),\mu)$对$\mu$求导，我们可得：

$$\frac{\mathrm{d}\beta(q'(\mu),\mu)}{\mathrm{d}\mu}=\frac{\partial\beta(q'(\mu),\mu)}{\partial q'(\mu)}\frac{\mathrm{d}q'(\mu)}{\mathrm{d}\mu}+\frac{\partial\beta(q'(\mu),\mu)}{\partial\mu}-\frac{\mathrm{d}wa_2(\mu)}{\mathrm{d}\mu}=0$$

由于$K'(\mu)$是$K(\mu)>\mu+\underline{\alpha}$时$K(\mu)$的最优解，因此$\frac{\partial\beta(q'(\mu),\mu)}{\partial q'(\mu)}<0$。由$\overline{h'_\phi}(\mu)\leqslant -1$和$\frac{\partial\beta(q'(\mu),\mu)}{\partial\mu}=-g(q'(\mu))[\overline{h'_\phi}(\mu)(r-w)-(w_2-c_2)]$，我们可得$\overline{h'_\phi}(\mu)(r-w)-(w_2-c_2)\leqslant w_1+c_2-r<0$，因此，$\frac{\partial\beta(q'(\mu),\mu)}{\partial\mu}>0$。

由引理4我们可得$\frac{\mathrm{d}q'(\mu)}{\mathrm{d}\mu}=\frac{1}{g(q'(\mu))}\frac{1}{w_2-c_2}\frac{\mathrm{d}wa_2(\mu)}{\mathrm{d}\mu}$，通过观察$\frac{\mathrm{d}\beta(q'(\mu),\mu)}{\mathrm{d}\mu}$的表达式，我们可知$\frac{\mathrm{d}q'(\mu)}{\mathrm{d}\mu}>0$且$\frac{\mathrm{d}wa_2(\mu)}{\mathrm{d}\mu}>0$，否则$\frac{\mathrm{d}\beta(q'(\mu),\mu)}{\mathrm{d}\mu}>0$。因此，$K'(\mu)$是关于$\mu$的递增函数。

**2. 证明$P'_1(K_{\mathrm{seq}}(\mu))\geqslant c_1+ck_1-w_1$**

$K_{seq}(\mu)=\mu+\underline{\alpha}$时，$\Pi_a(\mu)=0$，由引理4可知$wa_2(\mu)=c_2+ck_2-w_2$，由式(5-11)可得$P_1(\mu+\underline{\alpha})=[r-w-wa_2(\mu)](\mu+\underline{\alpha})$，因此，$P'_1(\mu+\underline{\alpha})=r-w-(ck_2-w_2+c_2)$，由于$r-w-(ck_2-w_2+c_2)-(c_1+ck_1-w_1)=r-c-ck>0$，因此，$P'_1(\mu+\underline{\alpha})\geqslant c_1+ck_1-w_1$。由以上分析我们可知，$c_2+ck_2-w_2\geqslant 0$必须成立，否则$K_{seq}(\mu)=\mu+\underline{\alpha}$时，$wa_2(\mu)<0$。

$K_{seq}(\mu)=K'(\mu)$时，我们可得：

$$P_1(K'(\mu))=(r-w)\left(E_\alpha[\min(\mu+\alpha,K'(\mu))]-\int_{\underline{\mu}}^{\mu}G(K'(t)-t)\mathrm{d}t\right)-wa_2(\mu)K'(\mu)$$

将$P_1(K'(\mu))$对$K'(\mu)$求导，我们可得：

$$\frac{\mathrm{d}P_1(K'(\mu))}{\mathrm{d}K'(\mu)}=(r-w)(1-G(K'(\mu)-\mu))-wa_2(\mu)-\frac{\mathrm{d}wa_2(\mu)}{\mathrm{d}K'(\mu)}K'(\mu)\tag{5-33}$$

由于$K'(\mu)$是关于$\mu$的递增函数，结合引理4，我们可知

$$\frac{\mathrm{d}wa_2(\mu)}{\mathrm{d}K'(\mu)}=\frac{\mathrm{d}wa_2(\mu)}{\mathrm{d}\mu}\Big/\frac{\mathrm{d}K'(\mu)}{\mathrm{d}\mu}=(w_2-c_2)g(K'(\mu)-\mu)\left(\frac{\mathrm{d}K'(\mu)}{\mathrm{d}\mu}-1\right)\Big/\frac{\mathrm{d}K'(\mu)}{\mathrm{d}\mu}<(w_2-c_2)g(K'(\mu)-\mu)\tag{5-34}$$

由式(5-33)和式(5-34)我们可得：

$\frac{dP_1(K'(\mu))}{dK'(\mu)} > (r - w_2 - c_1)(1 - G(K'(\mu) - \mu) - (w_2 - c_2)g(K'(\mu) - \mu)$

$K'(\mu) + (c_1 - w_1)(1 - G(K'(\mu) - \mu) - wa_2(\mu)$

由式(5-32)我们可得：

$(r - w_2 - c_1)(1 - G(K'(\mu) - \mu) - (w_2 - c_2)g(K'(\mu) - \mu)K'(\mu) > wa_2(\mu)$
$+ ck_1$

因此，$\frac{dP_1(K'(\mu))}{dK'(\mu)} > (c_1 - w_1)(1 - G(K'(\mu) - \mu) + ck_1 \geqslant c_1 + ck_1 - w_1$。

因此，命题3得证。

# 第六章　结论与展望

## 第一节　结　　论

现有的有关信息不对称的研究文献其研究对象主要集中于单个供应商、单个制造商或者单个制造商、单个零售商组成的供应链系统，很少有文章关注装配系统中的信息不对称问题。考虑到加工装配式生产方式在工业界的普遍应用，本书对该问题展开了研究。由于需求和成本是供应链中最容易产生不对称信息的两块区域，本书考虑了供应商成本信息不对称、制造商成本信息不对称和制造商需求信息不对称三种情况。另外，考虑到由多个供应商组成的装配系统的复杂性，为了简化计算和便于分析，本书中研究的装配系统均由两个供应商和一个制造商组成。具体研究内容如下：

第一，考虑了装配系统中一个供应商成本信息不对称时，制造商和供应商如何进行生产与定价方面的决策。我们共提出了 3 种契约组合来揭示供应商的真实成本信息，在第 1 种契约组合中，首先，制造商为两个供应商提供批发价契约；其次，两个供应商选择各自最优的生产量。在第 2 种契约组合中，首先，制造商为拥有私有信息的供应商提供一组价格补贴契约菜单；其次，该供应商选择一组契约，并决定最优生产量；最后，制造商决定另一个供应商的批发价，该供应商根据批发价来决定最优生产量。在第 3 种契约组合中，首先，制造商为拥有私有信息的供应商提供一组价格补贴契约菜单；其次，该供应商选择一组契约，并决定最优生产量；最后，制造商为另一个供应商提供一组价格补贴契约，该供应商根据价格补贴契约来决定最优生产量。制造商作为契约的设计者，不论在哪种契约组合中都追求自身利润最大化，其最终的选择也取决于哪种契约组合下其获得的利润最大。研究结果表明：制造商对两个供应商都采用批发价契约时，无法揭示系统中的私有信息；制造商对拥有私有信息的供应商采用价格补贴契约，对完全信息供应商采用批发价契约时，该契约可以揭示其私有信息，但不能实现装配系统的整体协同；制造商对两个供应商都采用价格补贴契约时，在成功揭示私有信息的同时，也实现了装配系统的整体协同。数值试验结果表明：实现装配系统的整体协同后，系统总利润和拥有私有信息的供应商的利润均会增加，成本信息的揭示范围会变大，但是当供应商成本信息分布区间长度较长时，制造商如果要实现系统协同，则可能无法揭示某些较小的成本值；制造商是否会选择实现系统协同的契约组合受到供应商成本信息分布区间的影响，当该分布区间长度较短时，制造商会选择该契约组合，否则在特定的范围内制造商才会如此选择。

第二，考虑了装配系统中，制造商成本信息不对称时，供应商的决策顺序对系统中各成员生产和定价决策的影响。我们研究了供应商如何通过转移支付契约来揭示制造商的私有成本信息，并且考虑了两个供应商先后提供契约(先后决策)和同时提供契约(同时决策)两种情况。我们首先分析了每种情况下供应商的最优契约形式，然后比较了每种情况下各成员的利润。研究结果表明：供应商同时决策时，制造商会向每个供应商采购更多的零部件。同供应商先后决策时相比，供应商同时决策时制造商的利润和两个供应商的期望利润之和均有所提高。如果供应商同时决策，只要它们在制造商的私有成本取其分布区间下界值时合理设计收入分配机制，每个供应商的期望利润都会大于供应商先后决策时其所得到的期望利润。两个供应商和制造商都更倾向于供应商同时决策这种模式。

第三，考虑了装配系统中制造商的需求信息不对称时的产能预定问题。在装配系统中，制造商由于接近市场往往比供应商更了解市场需求情况，拥有信息优势的制造商往往会向供应商夸大需求信息以误导供应商建立更多的产能，而供应商也意识到了制造商夸大需求信息的意图，从而不会相信制造商提供的需求信息。为了解决该问题，我们共设计了 3 种产能预定契约来促进装配系统实现需求信息共享。我们将第 1 种契约称为非线性转移支付契约，在该契约中，两个供应商先后提供一组由产能数量和总费用组成的转移支付契约菜单给制造商选择，制造商根据真实需求信息做出选择。我们将第 2 种契约称为线性转移支付契约，在该契约中，制造商同时决定每个供应商的产能预定价格，然后每个供应商决定产能数量。我们将第 3 种契约称为混合线性与非线性转移支付契约，在该契约中，一个供应商先提供一组转移支付契约菜单给制造商选择，制造商作出选择后，并决定另一个供应商的产能预定价格，最后该供应商决定产能数量。我们首先分析了每种契约的具体形式，然后比较了每种契约中各成员的利润和系统总利润。数值试验结果表明：制造商在线性转移支付契约或者混合契约下获得最高的期望利润。先决策的供应商在混合契约下获得最高的期望利润。后决策的供应商在每种契约下都有可能获得最高的期望利润。装配系统在非线性转移支付契约或者混合契约中获得最高的利润。

## 第二节　研究展望

本书研究了装配系统中信息不对称条件下的生产与定价决策问题，装配系统中的不对称信息包含许多方面，而本书只考虑了成本信息不对称和需求信息不对称两方面，在研究的深度和广度方面还需要进一步的加强和深入，经过近几年的大量文献阅读和对于实际问题的分析和总结，还有如下一些问题值得进一步的深入分析和研究：

第一，考虑产能信息不对称条件下的装配系统生产与定价决策问题。随着制造业竞争的加剧，生产企业通常将产能视为自己的有效竞争手段之一，不会将产能信息轻易透露给外界，而且生产企业的产能往往存在着高度的随机性，外界只能从他们的有效产出中推断出其真实产能，因此，产能信息也是供应链系统中一种常见的私有信息。目前研究产能信息不对称的文献非常少，只有 Nazerzadeh 和 Perakis (2011) 和 Ye et al. (2013) 对这方面的问题进行了探讨，而且这两篇文献中供应商都是相互竞争的关系。但是在装配系统中，供应商之间是相互合作的关系，供应商之间如何横向共享产能信息？供应商与制造商之间如何纵向共享产能信息？这些问题都值得进行研究。

第二，考虑通过简单契约来揭示装配系统中的不对称信息。本书中考虑的契约如价格补贴契约和转移支付契约等都需要设计成契约菜单的形式，因此属于复杂契约(Complex Contract)范畴，最近，有部分研究如 Kalkanci et al. (2011)，Chu et al. (2011) 认为复杂契约虽然能够揭示真实信息，但是由于该契约需要以菜单的形式给出，在现实中实施起来十分困难，于是这些文章开始研究如何通过简单契约(Simple Contract)来揭示真实信息，简单契约不需要设计成菜单的形式，不对称信息分布区间上所有的取值点对应的契约参数都相同，因此实施起来十分方便。考虑到简单契约便于实施的优势，通过简单契约来揭示装配系统中的不对称信息，更具有现实意义。

第三，考虑双边信息不对称条件下装配系统生产与定价决策问题。鉴于双边信息不对称问题的复杂性，本书中第三章、第四章和第五章在考虑不对称信息的时候，都只考虑了成本信息或者需求信息不对称的情况，将来我们可以考虑多个成员的成本信息不对称或者制造商的需求信息和某个成员的成本信息不对称的情况。如我们可以将第三章的研究内容扩展为两个供应商的成本信息都不对称的情况进行研究；将第四章的研究内容扩展为制造商的需求信息和成本信息都不对称的情况进行研究；将第五章的研究内容扩展为供应商的成本信息和制造商的需求信息都不对称的情况进行研究。

第四，考虑供应商的供应链企业社会责任类型信息不对称。中小型供应商出于逐利性往往会作出违反企业社会责任的行为，这类行为在被第三方机构如新闻媒体、NGO 等曝光之前往往是供应商的私有信息。一旦上游供应商的此类行为被曝光，下游制造商的企业形象也会受损，最终导致利润损失。因此，作为供应链中核心企业的制造商如何激励供应商遵守企业社会责任是个非常值得研究的现实问题。

# 参 考 文 献


[1]郭敏，王红卫. 一类供应链在信息不对称下的协调策略研究[J]. 系统工程，2001，19(4)：67-71.

[2]郭红梅，汪贤裕，黄梅萍. 供应链契约中制造成本信息结构分析[J]. 计算机集成制造系统，2012，18(5)：1099-1105.

[3]郭琼，杨德礼. 需求信息不对称下基于期权的供应链协作机制的研究[J]. 计算机集成制造系统，2006a，12(9)：1466-1471.

[4]郭琼，杨德礼. 基于期权与现货市场的供应链契约式协调的研究[J]. 控制与决策，2006b，21(11)：1229-1233.

[5]何建佳，徐福缘，马庆国，何胜学. 非对称信息下存在逆向回流的供需网协调[J]. 系统管理学报，2013，22 (1)：67-73.

[6]侯琳琳，邱菀华. 基于信号传递博弈的供应链需求信息共享机制[J]. 控制与决策，2007，22(12)：1421-1424.

[7]李果，马士华，高韬等. 不确定交货条件下两供应商-单制造商协同供货模型[J]. 管理工程学报，2011，25(3)：91-99.

[8]李果，马士华，王兆华等. 不同交货策略下装配式供应链协同供货优化研究[J]. 机械工程学报，2011，47(20)：45-52.

[9]马士华，李果. 供应商产出随机下基于风险共享的供应链协同模型[J]. 计算机集成制造系统，2010，16(3)：563-572.

[10]慕永国，麦强，冯英浚. 基于 CVaR 的能力预定期权契约模型[J]. 中国软科学，2009，1：252-257.

[11]浦徐进，梁梁，张廷龙. 基于产品结构的二层供应链协调机制研究[J]. 管理学报，2006，3(2)：153-156.

[12]索寒生，金以慧. 非对称信息下供需链中供应商的回购决策分析[J]. 控制与决策，2004，19(3)：335-338.

[13]苏菊宁，赵小惠，杨水利. 不对称信息下供应链的库存协调[J]. 系统工程学报，2004，19(5)：538-542.

[14]唐宏祥，何建敏，刘春林. 非对称需求信息条件下的供应链信息共享机制[J]. 系统工程学报，2004，19(6)：589-595.

[15]田军，张海青，汪应洛. 基于能力期权契约的双源应急物资采购模型[J]. 系统工程理论与实践，2013，33(9)：2212-2219.

[16]吴三平，徐晓燕. 不对称信息下两层供应链的激励机制研究[J]. 计算机集成制造系统，2008，14(3)：519-524.

[17]王新辉，汪贤裕，苏应生. 双边信息不对称的供应链协调与效率分析[J]. 计算机集成制造系统，2012，18(6)：1271-1280.

[18]王新辉，汪贤裕，苏应生. 双边成本信息不对称的供应链协调机制[J]. 管理工程学报，2013，27(4)：196-204.

[19]肖勇波，陈剑，吴鹏. 产能和需求不确定情形下 ATO 系统最优库存和生产决策研究[J]. 中国管理科学，2007，15(5)：56-64.

[20]徐和，马士华，石宁. 紧急订单成本信息不对称下的激励契约设计[J]. 工业工程与管理，2009，14(1)：40-43.

[21]徐最. 不对称信息下的供应链契约研究[D]. 复旦大学，2007.

[22]夏海洋，黄培清. 产能预定合同下代工厂商的产能扩充与转包策略[J]. 系统管理学报，2010 (1)：56-61.

[23]杨丹琴，肖条军，沈厚才. 不对称信息下产能预定协调机制研究[J]. 系统科学与数学，2011，31(10)：1232-1240.

[24]Agrell PJ，Lindroth R，Norman A. Risk，information and incentives in telecom supply chains [J]. International Journal of Production Economics，2004，90(1)：1-16.

[25]Amiya K. Chakravarty，Jun Zhang. Collaboration in contingent capacities with information asymmetry[J]. Naval Research Logistics，2007，54(4)：421-432.

[26]Anand K S，Goyal M. Strategic information management under leakage in a supply chain [J]. Management Science，2009，55(3)：438-452.

[27]Babich V，Li H，Ritchken P，et al. Contracting with asymmetric demand information in supply chains [J]. European Journal of Operational Research，2012，217(2)：333-341.

[28] Bernstein F，DeCroix G A. Inventory policies in a decentralized assembly system [J]. Operations research，2006，54(2)：324-336.

[29] Bernstein F，DeCroix G A. Decentralized pricing and capacity decisions in a multitier system with modular assembly [J]. Management Science，2004，50(9)：1293-1308.

[30]Bernstein F，DeCroix G A，Wang Y. Incentives and commonality in a decentralized multiproduct assembly system [J]. Operations Research，2007，55(4)：630-646.

[31]Burnetas A，Gilbert S M，Smith C E. Quantity discounts in single-period supply

contracts with asymmetric demand information [J]. IIE Transactions, 2007, 39(5): 465-479.

[32] Cachon G P, Lariviere M A. Contracting to assure supply: How to share demand forecasts in a supply chain [J]. Management science, 2001, 47(5): 629-646.

[33] Cakanyıldırım M, Feng Q, Gan X, et al. Contracting and coordination under asymmetric production cost information [J]. Production and Operations Management, 2012, 21(2): 345-360.

[34] Cao E, Ma Y, Wan C, et al. Contracting with asymmetric cost information in a dual-channel supply chain [J]. Operations Research Letters, 2013, 41(4): 410-414.

[35] Chen F. Information sharing and supply chain coordination [J]. Handbooks in operations research and management science, 2003, 11: 341-421.

[36] Chen Y J, Shum S, Xiao W. Should an OEMretain component procurement when the CM produces competing products? [J]. Production and Operations Management, 2012, 21(5): 907-922.

[37] Chen L G, Ding D, Ou J. Power structure and profitability in assembly supply chains [J]. Production and Operations Management, 2014.

[38] Chu W. Demand signalling and screening in channels of distribution [J]. Marketing Science, 1992, 11(4): 327-347.

[39] Chu, H., Wang, J., Jin, Y., Suo, H. Decentralized inventory control in a two-component assembly system [J]. International Journal of Production Economics, 2006, 102(2): 255-264.

[40] Chu L Y, Shamir N, Shin H. Strategic communication for capacity alignment with pricing in a supply chain [R]. Working Paper, University of Southern California, 2011.

[41] Cole, J. Boeing, pushing for record production, finds part shortages, delivery delays [J]. Wall Street Journal, June 26, 1997.

[42] Corbett C J, De Groote X. A supplier's optimal quantity discount policy under asymmetric information [J]. Management Science, 2000, 46(3): 444-450.

[43] Corbett, C., Zhou, D., Tang, C.. Designing supply contracts: contract type and information asymmetry [J]. Management Science, 2004, 50(4): 550-559.

[44] Desai P S, Srinivasan K. Demand signalling under unobservable effort in franchising: linear and nonlinear price contracts [J]. Management Science, 1995, 41(10): 1608-1623.

[45] Desai P S. Multiple messages to retain retailers: Signaling new product demand [J]. Marketing Science, 2000, 19(4): 381-389.

[46] Dooley K. J., Yan T. T., Mohan S., et al. Inventory management and the bullwhip effect during the 2007-2009 recession: Evidence from the manufacturing sector [J]. Journal of Supply Chain Management, 2010, 46(1): 12-18.

[47] EhsanBolandifar, Tianjun Feng, Fuqiang Zhang. Asymmetric information and enforcement in supply contract design [J]. Working paper, Washington University in St. Louis, 2010.

[48] Engardio, P. Why the supply chain broke down [J]. Business Week, March 19, 2001.

[49] Erkoc M, Wu S D. Managing high - tech capacity expansion via reservation contracts [J]. Production and Operations Management, 2005, 14(2): 232-251.

[50] Fang X, Ru J, Wang Y. Optimal procurement design of an assembly supply chain with information asymmetry [J]. Production and Operations Management, 2014, 23 (12): 2075-2088.

[51] Fang X, So K C, Wang Y. Component procurement strategies in decentralized assemble-to-order systems with time-dependent pricing [J]. Management science, 2008, 54(12): 1997-2011.

[52] Feng Q, Lai G, Lu L X. Dynamic bargaining in a supply chain with asymmetric demand information [J]. Management Science, 2014, http: //dx. doi. org/10. 1287/mnsc. 2014.

[53] Files, J. Economic downturn leaves Cisco with stacks of excess inventory [J]. San Joes Mercury News, April 27, 2001.

[54] Gan X, Sethi S P, Zhou J. Commitment-penalty contracts in drop-shipping supply chains with asymmetric demand information [J]. European Journal of Operational Research, 2010, 204(3): 449-462.

[55] Gerchak Y, Wang Y. Revenue-Sharing vs. Wholesale - Price contracts in assembly systems with random demand [J]. Production and Operations Management, 2004, 13(1): 23-33.

[56] Granot D, Yin S. Competition and cooperation in decentralized push and pull assembly systems [J]. Management Science, 2008, 54(4): 733-747.

[57] Guan X, Ma S, Yin Z. The impact of hybrid push - pull contract in a decentralized assembly system [J]. Omega, 2015, 50: 70-81.

[58] Gurnani H, Gerchak Y. Coordination in decentralized assembly systems with uncertain component yields [J]. European Journal of Operational Research, 2007, 176(3): 1559-1576.

[59] Guler M G. Coordinating decentralised assembly systems with random yield and

random demand [J]. International Journal of Production Research, 2015, 53(3): 886-896.

[60] Güler M G, Bilgiç T. On coordinating an assembly system under random yield and random demand [J]. European Journal of Operational Research, 2009, 196(1): 342-350.

[61] Gümüs M. With or without forecast sharing: Competition and credibility under information asymmetry [J]. Production and Operations Management, 2014.

[62] Ha A Y. Supplier-buyer contracting: Asymmetric cost information and cutoff level policy for buyer participation [J]. Naval Research Logistics (NRL), 2001, 48(1): 41-64.

[63] Ha A Y, Tong S. Contracting and information sharing under supply chain competition [J]. Management science, 2008, 54(4): 701-715.

[64] Hazra J, Mahadevan B. A procurement model using capacity reservation [J]. European Journal of Operational Research, 2009, 193(1): 303-316.

[65] Inderfurth K, Kelle P. Capacity reservation under spot market price uncertainty [J]. International Journal of Production Economics, 2011, 133(1): 272-279.

[66] Inderfurth K, Kelle P, Kleber R. Dual sourcing using capacity reservation and spot market: Optimal procurement policy and heuristic parameter determination [J]. European Journal of Operational Research, 2013, 225(2): 298-309.

[67] Jiang L, Wang Y. Channel structure and performance of decentralized assembly systems with price-sensitive and uncertain demand [J]. Working paper, Hong Kong Polytechnic University and University of Texas at Dallas, 2007.

[68] Jiang L, Wang Y. Supplier competition in decentralized assembly systems with price-sensitive and uncertain demand [J]. Manufacturing & Service Operations Management, 2010, 12(1): 93-101.

[69] Jin M, David Wu S. Capacity reservation contracts for high-tech industry [J]. European Journal of Operational Research, 2007, 176(3): 1659-1677.

[70] Kaya M, Özer Ö. Quality risk in outsourcing: Noncontractible product quality and private quality cost information [J]. Naval Research Logistics, 2009, 56(7): 669-685.

[71] Kayis E, Erhun F, Plambeck E L. Delegation vs. control of component procurement under asymmetric cost information and simple contracts [J]. Manufacturing & Service Operations Management, 2013, 15(1): 45-56.

[72] Kalkanci B, Chen K Y, Erhun F. Contract complexity and performance under asymmetric demand information: An experimental evaluation [J]. Management

Science, 2011, 57(4): 689-704.

[73] Kalkanci B, Erhun F. Pricing games and impact of private demand information in decentralized assembly systems [J]. Operations Research, 2012, 60 (5): 1142-1156.

[74] Kim E, Lee K, Kang S H. Optimal purchasing policy in a two-component assembly system with different purchasing contracts for each component [J]. Mathematical Methods of Operations Research, 2006, 63(2): 301-327.

[75] Kim S H, Netessine S. Collaborative cost reduction and component procurement under information asymmetry [J]. Management Science, 2013, 59(1): 189-206.

[76] Kong G, Rajagopalan S, Zhang H. Revenue sharing and information leakage in a supply chain [J]. Management Science, 2013, 59(3): 556-572.

[77] Kostamis D, Duenyas I. Purchasing under asymmetric demand and cost information: When is more private information better? [J]. Operations Research, 2011, 59(4): 914-928.

[78] Lariviere M A, Padmanabhan V. Slotting allowances and new product introductions [J]. Marketing Science, 1997, 16(2): 112-128.

[79] Lee C Y, Yang R. Supply chain contracting with competing suppliers under asymmetric information [J]. IIE Transactions, 2013, 45(1): 25-52.

[80] Lee H L, Padmanabhan V, Whang S. Information distortion in a supply chain: the bullwhip effect [J]. Management science, 2004, 50(12_ supplement): 1875-1886.

[81] Leng M, Parlar M. Game-theoretic analyses of decentralized assembly supply chains: Non-cooperative equilibria vs. coordination with cost-sharing contracts [J]. European Journal of Operational Research, 2010, 204(1): 96-104.

[82] Liu X, Cetinkaya S. Designing supply contracts in supplier vs buyer-driven channels: the impact of leadership, contract flexibility and information asymmetry [J]. IIE Transactions, 2009, 41(8): 687-701.

[83] Li C, Scheller - Wolf A. Push or pull? Auctioning supply contracts [J]. Production and Operations Management, 2011, 20(2): 198-213.

[84] Li H, Ritchken P, Wang Y. Option and forward contracting with asymmetric information: valuation issues in supply chains [J]. European Journal of Operational Research, 2009, 197(1): 134-148.

[85] Li P, Chen H, Che A. Optimal batch ordering policies for assembly systems with guaranteed service [J]. International Journal of Production Research, 2013, 51 (20): 6275-6293.

[86] Li Z, Gilbert S M, Lai G. Supplier encroachment under asymmetric information [J].

Management Science, 2013, 60(2): 449-462.
[87] Li Z, Gilbert S M, Lai G. Supplier encroachment as an enhancement or a hindrance to nonlinear pricing [J]. Production and Operations Management, http: //dx. doi. org/ 10. 1111/poms, 2014.
[88] Ma S, Yin Z, Guan X. The role of spot market in a decentralised supply chain under random yield [J]. International Journal of Production Research, 2013, 51(21): 6410-6434.
[89] Mishra B K, Prasad A. Centralized pricing versus delegating pricing to the salesforce under information asymmetry [J]. Marketing Science, 2004, 23(1): 21-27.
[90] Mukhopadhyay S K, Zhu X, Yue X. Optimal contract design for mixed channels under information asymmetry [J]. Production and Operations Management, 2008, 17(6): 641-650.
[91] Myerson R B. Incentive compatibility and the bargaining problem [J]. Econometrica: journal of the Econometric Society, 1979, 47(1): 61-73.
[92] Nagarajan M, Bassok Y. A bargaining framework in supply chains: The assembly problem [J]. Management Science, 2008, 54(8): 1482-1496.
[93] Nagarajan M, Sošic G. Coalition stability in assembly models [J]. Operations research, 2009, 57(1): 131-145.
[94] Nazerzadeh H, Perakis G. Menu pricing competition with private capacity constraints [J]. Working paper, University of Southern California, 2012.
[95] Oh S, Özer Ö. Mechanism design for capacity planning under dynamic evolutions of asymmetric demand forecasts [J]. Management Science, 2013, 59(4): 987-1007.
[96] Oh S, Sourirajan K, and Ettl M. Jointpricing and production decisions in an assemble-to-order system [J]. Manufacturing & Service Operations Management, 2014, 16(4): 529-543.
[97] Özer Ö, Wei W. Strategic commitments for an optimal capacity decision under asymmetric forecast information [J]. Management Science, 2006, 52(8): 1238-1257.
[98] Özer Ö, Raz G. Supply chain sourcing under asymmetric information [J]. Production and Operations Management, 2011, 20(1): 92-115.
[99] Serel D A, Dada M, Moskowitz H. Sourcing decisions with capacity reservation contracts [J]. European Journal of Operational Research, 2001, 131(3): 635-648.
[100] Serel D A. Capacity reservation under supply uncertainty [J]. Computers & operations research, 2007, 34(4): 1192-1220.
[101] Traynor K. Consumer group says drug manufacturers exaggerate R & D expenses

[J]. American Journal of Health-System Pharmacy, 2001, 58(18): 1702-1702.
[102] Wagner S M, Friedl G. Supplier switching decisions [J]. European Journal of Operational Research, 2007, 183(2): 700-717.
[103] Wang X, Guo H, Wang X, et al. Profitallocation mechanism of supply chain with bilateral asymmetric costs information [A]. In J Xu, V Cruz-Machado, BL Lev, et al. Proceedings of the Eighth International Conference on Management Science and Engineering Management [C]. Berlin Heidelberg: Springer, 2014: 633-644.
[104] Wang X, Wang X. Contracting to share bilateral information in supply chain [A]. In J Xu, JA Fry, BL Lev, et al. Proceedings of the Seventh International Conference on Management Science and Engineering Management [C]. Berlin Heidelberg: Springer, 2014: 881-892.
[105] Wang Y, Gerchak Y. Capacity games in assembly systems with uncertain demand [J]. Manufacturing & Service Operations Management, 2003, 5(3): 252-267.
[106] Wang Y, Jiang L, Shen Z-J. Channel performance under consignment contract with revenue sharing [J]. Management Science. 2004, 50(1): 34-47.
[107] Wang Y. Joint pricing-production decisions in supply chains of complementary products with uncertain demand [J]. Operations Research, 2006, 54(6): 1110-1127.
[108] Wee H. M., Wu S. Lean supply chain and its effect on product cost and quality: A case study on Ford Motor company[J]. Supply Chain Management, 2009, 14(5): 335-341.
[109] Wu D J, Kleindorfer P R. Competitive options, supply contracting, and electronic markets [J]. Management Science, 2005, 51(3): 452-466.
[110] Wu J, Yue W, Yamamoto Y, et al. Risk analysis of a pay to delay capacity reservation contract [J]. Optimization Methods and Software, 2006, 21(4): 635-651.
[111] Xu H, Shi N, Ma S, et al. Contracting with an urgent supplier under cost information asymmetry [J]. European Journal of Operational Research, 2010, 206(2): 374-383.
[112] Xu H. Managing production and procurement through option contracts in supply chains with random yield [J]. International Journal of Production Economics, 2010, 126(2): 306-313.
[113] Yan X, Zhang M, Liu K. A note on coordination in decentralized assembly systems with uncertain component yields [J]. European Journal of Operational Research,

2010, 205(2): 469-478.

[114]Yang D, Choi T M, Xiao T, et al. Coordinating a two-supplier and one-retailer supply chain with forecast updating [J]. Automatica, 2011, 47(7): 1317-1329.

[115]Ye Q, Duenyas I, Kapuscinski R. Should competing firms reveal their capacity? [J]. Naval Research Logistics, 2013, 60(1): 64-86.

[116]Yin S. Alliance formation among perfectly complementary suppliers in a price-sensitive assembly system[J]. Manufacturing & Service Operations Management, 2010, 12(3): 527-544.

[117]Yuelin Shen, Sean P. Willems. Coordinating a channel with asymmetric cost information and the manufacturer's optimality [J]. International Journal of Production Economics, 2012, 135(1): 125-135.

[118]Zou X, Pokharel S, Piplani R. Channel coordination in an assembly system facing uncertain demand with synchronized processing time and delivery quantity [J]. International journal of production research, 2004, 42(22): 4673-4689.

[119]Zou X, Pokharel S, Piplani R. A two-period supply contract model for a decentralized assembly system [J]. European Journal of Operational Research, 2008, 187(1): 257-274.

# 后　　记

本书是在我的博导华中科技大学管理学院马士华教授的悉心指导下完成的。马老师严谨求实的学术态度，渊博的专业知识和深刻的洞察力，使我在学术研究中受益匪浅。在博士生涯的四年中，马老师在学术上给予了我极大的关怀和指导，而且从生活上关心我，从精神上鼓励我。马老师平和的心态，乐观的生活态度，宽容大度的处事风格和对学术的执著追求都深深地影响了我。这些在我以后的人生道路上都会终身受用。

在本书的写作过程中，还得到了华中科技大学供应链研究所同学的无私帮助，在此感谢。感谢研究所的殷哲博士、何燕博士和杜丽敬博士在研究环节和撰写过程中给予我的关心与帮助；感谢关旭博士和肖群博士在科研方面给予我的指导。

本书还得到了国家自然科学基金青年基金项目(71602189)和教育部人文社科研究青年基金项目(16YJC630083)的资助。